Copa Books

これからの観光政策と自治体

「稼げる地域資源」と「観光財源の集め方」

JTB総研客員研究員
松井 一郎 [著]

イマジン出版

目　次

はじめに……………………………………………………………… 5

第1部 観光とは ……………………………………………… 7
第1章　「観光」の意味……………………………………… 7
第2章　自治体にとっての観光振興の意義……………… 10

第2部 観光を巡る様々な動向 …………………………… 23
第1章　旅行の経済的側面………………………………… 23
第2章　国の観光政策の動向……………………………… 26
第3章　近年の旅行の動向………………………………… 34

第3部 地域における観光資源の考え方 ………………… 44

第4部 稼げる観光施設にする …………………………… 59
第1章　既存施設のチェック ……………………………… 59
第2章　観光施設の成功事例 ……………………………… 69
第3章　稼げる施設にするために ………………………… 74

第5部 観光振興に向けて ………………………………… 80
～ 観光予算と観光客誘致組織のあり方 ～
第1章　観光予算のあり方………………………………… 80
第2章　観光振興事業を推進する組織…………………… 89

おわりに…………………………………………………………… 95
著者紹介…………………………………………………………… 98
コパ・ブックス発刊にあたって……………………………… 99

はじめに

　「観光」については、いろいろなアプローチがあり、観光に関する問題があると、誰でもが、それぞれの「観光」に対する想いを基にして意見を述べることができます。大方針は想いを基盤にして展開してよいのですが、そこから先、事業政策の立案、事業運営に関わる諸々の事柄については、基本を良く知ったうえで推進することがポイントになります。「独創的（オリジナリティ）」な手法も大切ですが、基本を外した独創的な手法は、成功したかのように見えても一時的なものに終わります。

　例えば、ウォルト・E・ディズニーが初めてのディズニーランドを開発した際、ディズニーが打ち出した大方針は「子どもも親も一緒に楽しめる（ファミリー・エンターテイメント）遊園地を創る」ことでした。この大方針は、当時としては独創的なものですが、これを現実のものとしたのは、ディズニー・アニメを制作、配給していたWDP（ウォルト・ディズニー・プロダクションズ）とアイデアと技術を開発していたWEDという開発集団です。もちろん、その二つのグループを統率していたのはウォルト・ディズニーです。

　自治体で言えば、首長が大方針を打ち出して、地域が向かうべき方向を示し、行政や民間がアイデアと技術を駆使して具体化する。議会はその具体化の手法に誤りや無駄がないか、他のアイデアや技術を利用できないかとチェックする役割を持っていると考えます。

　この冊子では、いくつかの事例を引きながら、基本的

な手法を書いたつもりです。自治体において観光に関することが検討課題になった際に参考にしていただければ幸いです。

第1部　観光とは

「観光」の意味

　観光を定義する試みは、欧米では19世紀から行われています。結論としては、「定住圏を離れて、他の地域を訪問・滞在し、非営利的な活動を行うこと」としています。これから、観光の「非定住性」と「非営利性」の原則と言われます。日本では、1960年頃から観光に目が向けられるようになりましたが、1963年に公布・施行された「観光基本法」の中では「観光」を定義していません。1970年に発出された観光政策審議会の答申に、「観光とは…」として次のように観光を定義しています。

『<u>自己の自由時間（＝余暇時間）の中で</u>、鑑賞、知識、体験、活動、休養、参加、精神の鼓舞等、<u>生活の変化を求める人間の基本的欲求を充足せんとする行為</u>（＝レクリエーション）のうち、<u>日常生活圏を離れて、異なった自然、文化等の環境のもとで行おうとする一連の行動</u>』

　文章の途中に説明が入っているので判りにくい表現になっていますが、下線の部分だけを読むと、先に掲げた欧米での研究結果と変わることはありません。
　観光基本法は定義には触れていませんが、観光の効果について、次のように記述しています。

> 『観光は、「観光旅行をする者に精神的、肉体的なリフレッシュ作用を及ぼす文化効果、厚生効果をもたらすが、観光客を受け入れる観光地には所得効果、雇用効果、生産効果、財政効果などをもたらし、その土地の経済を活性化する」という役割を担っている。』

　2006年12月、観光基本法をほぼ半世紀ぶりに全部改正して成立した観光立国推進基本法（2007年1月施行）でも、表現こそ若干の違いが見られますが、観光の効果については観光基本法の考え方を踏襲しています。観光立国推進基本法については第2部第2章で触れます。
　もうひとつ、「観光」の語源からも地域と観光との関わりが読み取れます。
　観光の語源が易経の次の言葉にあるということは定説になっています。

『観国之光、利用賓于王』
（国の光を観る、もって、王に賓たるによろし）

　語源としては定説になっているのですが、意味合いについては、いくつかの解釈がなされています。ここでは、戦前からの造園研究家：上原敬二氏の説が最も妥当と考え、その説を紹介します。
　上原氏が1943年（昭和18年）に著わした「日本風景美論」によると、《国の光》とは「国民が幸せに暮らしていることが目に見えない輝きを示している様子」としています。古代中国ですから、《国》は「地域」、《王》は「首長」と読むことができます。また、《賓》は「賓客」と読む研究者もいますが、上原氏は「賓礼」、すなわち、「仕えること」としています。そのように読むと、観光

の語源からは、『地域の風俗が美しく輝いていると感じられる地域は、首長が徳による施政を布いているからであり、そのような首長に仕えて学ばせてもらうと良い』ということです。

　要するに、「観光」の語源からは、地域が素晴らしい生活文化を持っていると、住民の暮らしぶりから感得できるし、そのような地域こそ魅力的に観えるということです。このような観点から、地域の観光資源や観光振興の進め方を見直すことも必要だと考えます。

自治体にとっての観光振興の意義

　観光振興事業が自治体に対して持っている意義を考えてみましょう。

　地域振興を進めるためには【図表-1】にあるように、《財貨が流入する仕組み》づくり、次に《財貨が還流する仕組み》づくり、それからもうひとつは《住民サービスの向上》ということです。地域づくりを進めるためには、何をさておき、外からお金が入ってこないことには何もできなくなります。これは国も同じです。やはり外からのお金がないと、どうしても中でのお金も回らなくなるし、いろいろなサービスもできなくなるということです。外から入ってきたお金を地域の中で回すこと、それを考えないと地域に元気が出ません。さらに、住みやすい地域をつくるために住民サービスを向上させるための事業資金が必要です。

　財貨が流入する仕組みづくりです。これは、地域にお金が入ってくる事項です。何があるかというと、地方税とかあるいは地方債を発行するとか、地方交付税（交付金）です。補助金とか公共事業を誘致するというようなことも項目のひとつです。さらには、企業誘致というようなこともあります。企業を誘致すると雇用が増え、税収が増えるというようなことがあります。もうひとつ、最も重要なことだと思いますが、地場の輸出産業の育成というのがあります。各自治体でも、それぞれの地域で「この地域はこういう産業を持っている」ということがあると思いますが、その産業の育成です。

　例えば、農村であれば農業を盛んにして、農産品を外

図表 - 1　まちづくりと観光振興

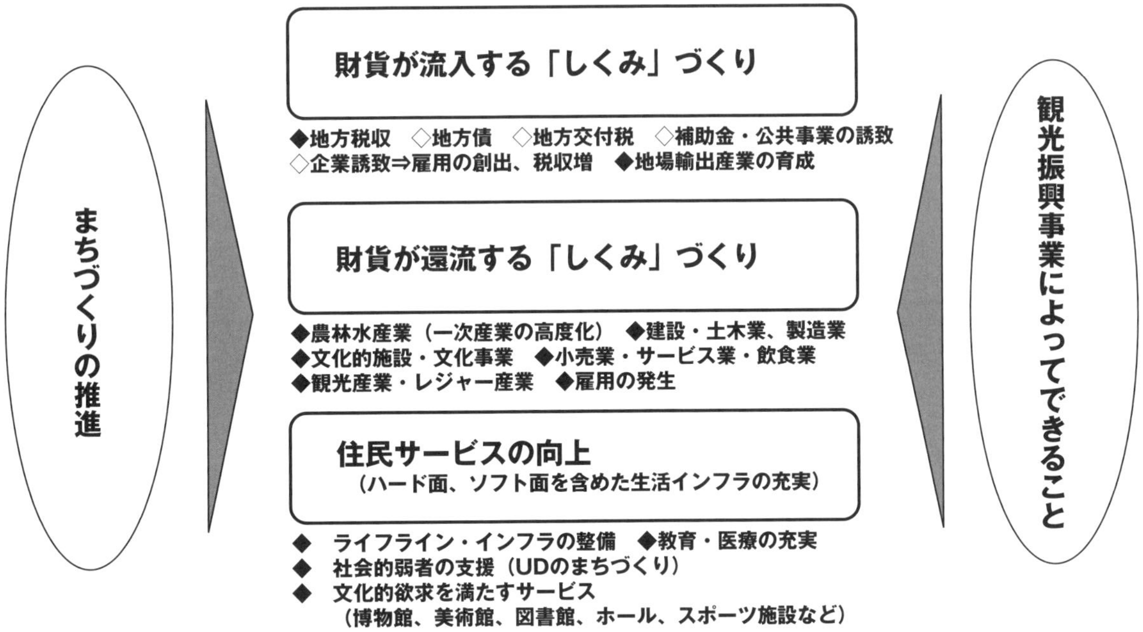

観光振興事業によってできること

↓

財貨が流入する「しくみ」づくり
◆地方税収　◇地方債　◇地方交付税　◇補助金・公共事業の誘致
◇企業誘致⇒雇用の創出、税収増　◇地場輸出産業の育成

財貨が還流する「しくみ」づくり
◆農林水産業（一次産業の高度化）　◆建設・土木業、製造業
◆文化的施設・文化事業　◆小売業、サービス業、飲食業
◆観光産業・レジャー産業　◆雇用の発生

住民サービスの向上
（ハード面、ソフト面を含めた生活インフラの充実）
◆ライフライン・インフラの整備　◆教育・医療の充実
◆社会的弱者の支援（UDのまちづくり）
◆文化的欲求を満たすサービス
（博物館、美術館、図書館、ホール、スポーツ施設など）

↓

まちづくりの推進

● 第１部　観光とは

11

の地域に出荷しますね。地域内だけで回していたのでは、地域内でお金が回っているだけになります。いわゆる「花見酒の経済」ですから、お金が回転しているだけで、資金量が膨らむことはなく、徐々にやせ細ってしまいます。地域外から財貨を流入させるためには、外に向けて販売する必要があります。地場の輸出産業を大事にしていくということは非常に大切なことなのです。

　観光というのは、地場の輸出産業です。観光客を誘致して、旅行客が地域で消費活動をする。タクシー・バス・レンタカーなどを利用する地域内での移動、宿泊、食事、お土産品の購入、観光行動など、消費する場面は数多くあります。【図表-1】の項目の中に、黒い四角がついている項目がありますが、観光が関われるのがここではないかということです。しかも、観光客誘致のもとになる観光資源は、その地域から動きません。東京ディズニーリゾートは浦安市から動けません。何処からでも良いのですが、他所から「来て」もらわなければいけないわけです。そのように考えると、他所から来た人がお金を使ってくれるわけですから、観光というのは、地場の輸出産業なのだということです。

　外から財貨が流入する仕組みの次は、地域外から入ってきたお金が地域内で還流する仕組みをつくっておかなければいけません。例えば、農林水産業に回るとか、あるいは建設土木、あるいは製造、あるいは文化的施設であるとか、あるいは文化事業に使うとかです。あるいは小売業、サービス業、飲食業といった第3次産業、こういうような所にお金が回る、あるいは宿泊業とか、レジャー産業に落ちる。そういうことによって、雇用が発生するということです。

　ここでは、【図表-1】のすべての項目で四角が黒になっ

ていますけれども、観光消費というのは、広範囲に回っていくのです。観光客が来れば、当然、お土産として特産品を買ったり、あるいは地域の特徴ある食事をしたりというようなことがあります。最近では、地産地消とか、Ｂ１グランプリというようなことが言われますけれども、そこへ行ったら地場のものを食べたいというようなニーズがかなり強まっています。あるいは、建設土木、製造業といったような業種でさえ、施設の改善・開発で関わってくるでしょうし、文化的な施設や文化事業というのも、外からお客さんが来ることによって、もう少し規模の大きなものにできていくというようなことがあると思います。当然、小売業、サービス業、飲食業というのもそうです。それから、観光産業、レジャー産業はもちろんですけれども、お金が回ることで、それぞれの事業、産業で、雇用が発生します。

　ところが、観光産業やレジャー産業、その他の集客施設ができて、外から人が来るようになったとしても、そこに受け皿がないと、来訪した人もお金の使い所がないということになります。私もいろいろな地域へ行きましたけれども、非常に景色のいい、有名な場所があって、結構多くのお客さんは来る地域です。ところが、お昼を食べようにも食べるような所がない、「何かお土産物は？」と言っても何にもないわけです。そんな地域がありました。そこはもう本当に通過だけになってしまって、地域内に受け皿がないということになりますから、せっかく外から観光客が来ても、観光ポイントで景色を眺めるだけで、何もお金を使わないで、どこか他の地域へ行ってしまう。泊まるのも別の所で泊まるというようなことになってしまいます。

　財貨が還流する仕組みづくりというのは、観光客が来

てお金を落としていく、お金を使ってもらう対象を用意しておかなければいけないということです。すでに、そういうものがあれば、それらを上手に利用していけば良いのですが、何もない地域では何か用意しないと、観光客誘致が全く役に立たなくなってしまいます。そういう自治体でしたら、観光振興を進めても、地場にはお金が落ちません。このような例は少なくないと思います。私も関わった東京ディズニーランドで初年度が終わった時に「これだけ来場者があるのならば、いろいろと経済効果があるだろう」ということで、経済波及効果というのを計測したことがあります。結果、浦安市への波及効果は、ほとんどが税収だけでした。というのは、浦安市には発注する相手が居なかったからです。当時、例えばパンフレットを作るにしても、ある程度ハイレベルな印刷技術やデザイナーがいる印刷会社がないというようなことがあります。そうすると、せっかく東京ディズニーランドが１千万人近い入場者を集め、かなりのお金を使ってもらっても、大部分は他地域に流出していきます。流出先は東京か千葉県内の他の市町村です。そういうことがないようにしなければいけないということです。もっとも、浦安のガソリンスタンドの売上げが大幅に増えたとか、地下鉄の浦安駅から直行バスの乗り場までの沿道に屋台が出たという効果はありました。浦安駅における定期外の乗降客数も大幅に増加しました。こういうところにも来訪客による効果は出るのです。

　最後に《住民サービスの向上》ですが、当然、行政としてやっていかなければいけないことです。ただ、観光客が外から来るという場合、住民相手とは少し違うということです。外から来る人というのは、高いサービスレベルを要求します。いろいろなインフラなどが立派にで

きているということがとても重要です。例えば、民俗資料館などでも、住民のためだけに造りますと「この程度でいいか」ということになってしまいますが、もう少し意識を高くして、それを立派なものにすることで、それが観光資源になっていくというようなこともあります。その一つずつを少し見ていきましょう。

　例えば、文化的欲求を満たすサービスということで、自治体の住民だけを対象と考えて博物館やホールを造るということがあると思います。住民相手であれば展示物の数や収容人数もさほど多い必要はないし、あるいは、施設や設備もそこまでハイレベルなものではなくても良いということがあるかもしれません。よくあるものでは、美術館や文学館で、地元の出身の、ある程度有名な方の美術館・文学館を造る場合、その人がどの程度全国的に知名度があるかということを抜きにして造られてしまいます。造るときに少し考えて、その人がどういう人に影響を受けたのか、あるいはその同時代には、他にどんな人たちが居たのか、その人たちとどのように影響をし合ってこの人が存在したのかというようなことも含めて美術館・文学館として考えていくと、もっと広がりができるし、それから、全国的な知名度もある程度確保できる、高いレベルになっていくのではないかということです。

　そういうことは、温泉施設などでもよくあります。温泉施設は各地の自治体で設置していると思いますが、住民だけを対象として考えると「この程度で」ということで、レベルが落ちてしまいがちですが、もう少しレベルの高いものにしていくと、観光などで来訪された人たちが、よろこんでその施設を利用するということも考えられ、利用客を増やしていくというようなことを検討して

も良いと思います。

　特に、社会的弱者の支援ということで「ユニバーサルデザインのまちづくり」というようなことを進めていくと、それだけでも地域名が知られるようになります。他の面でも有名ですが、岐阜県の高山市はユニバーサルデザイン（UD）でも随分力を入れて進めてきていて、その分野でも有名になってきています。当然、そういうことを地域として進めようと思えば、宿泊施設や見学施設などでも必ずUDに配慮をして造っていくというようなことになると思います。これは何も、車いすで来られた方のために階段だけではなくて傾斜をつくろうというこ

図表-2　浦安市と東京ディズニーリゾートの関係

≪観光振興と地域振興が並行して進んだ事例（浦安市とTDR）≫

地下鉄東西線が開通するまでは「陸の孤島」とも言われ、「青べか物語」の舞台になった漁村の変身はどのようになされたか。

≪浦安市の歴史≫

1960年以前	人口1万数千人の漁村（海苔と貝類が特産物）
1962～64年	漁業権放棄⇒海面埋め立て工事を容認
1969年	営団地下鉄東西線開通（68年の人口約2万人）
1971年	新住宅地（美浜／入船地区）埋立完了 面積は4.43km²⇒8.67km²へ倍増
1981年	市制移行（人口65,662人） 海面埋立工事完了（面積16.98km²）
1983年	TDLプレビューに全市民招待（約8万人）
1988年	JR京葉線開通、舞浜駅・新浦安駅開設
1995年	人口13万人超
2014年	6月末人口は163千人

とだけではなく、それは仕組みとして駐車できる場所を出入り口に一番近い場所にそういう方のための駐車場所を確保しておくなどということも含めて考えていただきたいということです。

【図表-2】は、自治体と観光施設の関係の成功モデルとして挙げておきますが、浦安市とオリエンタルランド社（東京ディズニーリゾート）の関わりです。

浦安市というのは、山本周五郎の『青べか物語』に戦前の姿が描かれていますが、実を言うと、戦後も1960年頃まではそれほど大きく変わっていません。

1960年以前の浦安町は、人口1万数千人の漁村でし

「青べか物語」：1928年におよそ1年間滞在した浦安での体験を活写した山本周五郎の作品。発表は1960年。「べか」とは海苔や貝類を採るための平底舟で、青く塗られていたことから「青べか」と呼んだ。

≪オリエンタルランド社の歴史≫

1960年	オリエンタルランド社設立
1964年	浦安沖の海面埋立工事を千葉県から受託
1970年	埋立地のうちレジャー施設用地、住宅用地を取得
1974年	ウォルトディズニー社と基本合意成立
1975年	舞浜地区の埋立て完了
1979年	ウォルトディズニー社との契約成立（誘致決定）
1980年	東京ディズニーランド（TDL）着工
1983年	TDLオープン、初年度入場者数993万人
1988年	JR京葉線開通、年間入場者数1,500万人へ
2001年	東京ディズニーシー（TDS）がオープンし、東京ディズニーリゾート（TDR）へ⇒年間入場者数2,500万人へ
2014年	TDL30周年、入場者数3,130万人（TDL＋TDS）

た。当時、浦安で育った人に聞いた話では、浜辺に行って「はまぐり」や「あさり」を拾い、焼いて食べるというようなことが遊びであり、おやつのようになっていたということです。貝とか魚とか、沿岸漁業が主産業だった地域です。「のり」の養殖も有名でした。そういうような、本当の漁村でした。東京の都心からあれ程近い所で「どうして？」と思われるかもしれませんが、交通機関が少なかったのです。東京方面から浦安へ行く場合、新小岩あたりから都バスが出ていて浦安に行く、そのバスだけでした。江戸川を越えて葛西地区と浦安地区を結ぶ浦安橋も細い橋で、往来が厳しい状況でした。"陸の孤島"とも言われていたことがある程です。

　"沖の百万坪"と呼ばれる浅瀬が広がるこの場所に埋立て計画が進んだのは時代の要請とも言えます。オリエンタルランド社は埋立てを進めて、1千万人以上集められるレジャー施設（仮名：オリエンタルランド）を造るということを目的として1960年に設立された会社です。千葉県との協議を進め、1964年に浦安沖の埋め立て工事を受注しました。工事が進む中、1969年に営団地下鉄東西線が開通して東京方面との交通がつながり、浦安市の人口が増えていきます。1970年に埋め立て地のレジャー施設用地と住宅用地をオリエンタルランド社が千葉県から購入し、1974年にはウォルト・ディズニー社と基本合意ができます。1975年には舞浜地区の埋立てが完了し、1979年にウォルト・ディズニー社との契約が締結されます。1980年からは東京ディズニーランドの建設が始まり、米国での幹部社員研修も開始されました。

　一方、浦安市は1971年に美浜地区・入船地区の埋め立てが完了します。現在では、京葉線新浦安駅の南側と

北側ですが、当時は京葉線がなく、市内バスで東西線浦安駅と連結されていました。立地の良さから、マンション群と高級住宅地が建てられ、人口が急増します。そのような背景があって、1981年には浦安は市制に移行します。移行時の浦安市の人口は65,662人です。海面の埋立ても完了し、ほぼ17km²になりました。1960年頃と比べると、浦安市は面積も人口もほぼ4倍になりました。1983年に東京ディズニーランドがオープンした時には、すべての浦安市民をプレビューに招待しましたが、その際に配布した招待券は約8万枚と記憶しています。わずか2年で人口が約1.5万人増えたということです。

　その後ディズニーランドはオープン初年度で993万人、目標としていた1千万人には少し届きませんでしたが、1千万人というのはすごい数でして、当時、東京近郊のいわゆるレジャーランド、例えば、後楽園遊園地、読売ランド、豊島園、富士急ハイランドなどを全部合わせても、入場者数は1千万人ぐらいです。それと同じだけの数を集めたわけですから、大変な数だったと思います。当時、周りのレジャーランドも、かなり戦々恐々としまして、それぞれが一層の努力を重ねて、施設・設備の増強、メンテナンスの強化を進めて、水準を高めたと思います。

　1988年に京葉線が開通して、交通の利便性が改善され、東京ディズニーランドは来場者数が1500万人前後に増え、浦安市の人口も10万人に届くようになりました。2001年には東京ディズニーシーがオープンして、東京ディズニーリゾートという呼称になり、入場者数も年間2500万人前後になりました。昨年（2013年）、東京ディズニーランドが30周年を迎え、3千万人を超える入場者がありました。

浦安市のほうはどうかといいますと、2014年6月末現在の人口は16万3000人です。人口も増え、地価も上昇しています。一時、大震災のときに、浦安市は液状化現象があり、若干マイナスもありましたけれども、現在では回復していると言えます。

　そのような経緯を経て、浦安と東京ディズニーランドは、非常に良い関係を保ちながら進めてきました。浦安市もいろいろなことを注文してこられましたし、オリエンタルランド社からお願いをしたこともあります。例えば、東京ディズニーランドの周りの並木に植える木の種類にしても市と相談しています。取り付け道路の管理問題、来場者の路上駐車問題など、協議すべき問題は少なくありません。やはり、こういう大きな施設ができる時には、自治体との協議が必要になります。その際、自治体側も柔軟に対応する姿勢が必要なのではないかと考えます。

　東京ディズニーランドの例は、非常に特殊な例かもしれません。「特殊」というのは、規模が非常に大きいということ、珍しく非常に長い期間にわたって成功を収めている施設だということです。成功要因についてはいろいろな書物に出ていますので、ひとつだけ挙げておきます。追加投資です。東京ディズニーランドの開発投資は1400億円と言われていますが、その後の10年間の追加投資が開発投資とほぼ同額です。それだけいろいろなアトラクションが増えたり、あるいは新しいものに変えていったりしています。それから整備に非常に大きな予算をとっています。整備というよりも、メンテナンスと言った方がよいかもしれません。いろいろな施設のメンテナンスにお金と手間をかけています。毎朝、掃除を徹底的にやります。あの広いパークの全域にホースで水をまい

て、ベンチなどのペンキは定期的に塗り直します。花壇の植栽も毎日点検し、しおれた花は植え替えます。常に、新しい状態で入場者（ゲスト）を迎えています。

　整備と追加投資、そのあたりが非常に大きな要因だろうと思います。もうひとつだけ挙げておくと、従業員の教育です。これも非常に大きいと思います。マニュアルによる運営については揶揄する人もいますが、教育という面ではマニュアルは大きなプラスです。

●これからの観光政策と自治体 ～「稼げる地域資源」と「観光財源の集め方」～

第2部　観光を巡る様々な動向

旅行の経済的側面

　日本国内に関連する旅行（観光）は、つぎの3つです。
ⅰ）日本人の国内旅行（宿泊旅行、日帰り旅行）
ⅱ）日本人の海外旅行（海外での消費、国内での消費）
ⅲ）外国人の訪日旅行
　経済的な側面からみると、ⅰ）に係る消費額およびⅱ）の国内消費分は内需であり、ⅱ）の海外消費分は輸入、ⅲ）は輸出に相当します。ⅱ）の海外消費分を除く、それぞれの旅行の消費額の総和が国内旅行消費総額ですが、2012年は22兆5千億円です。【図表-3】

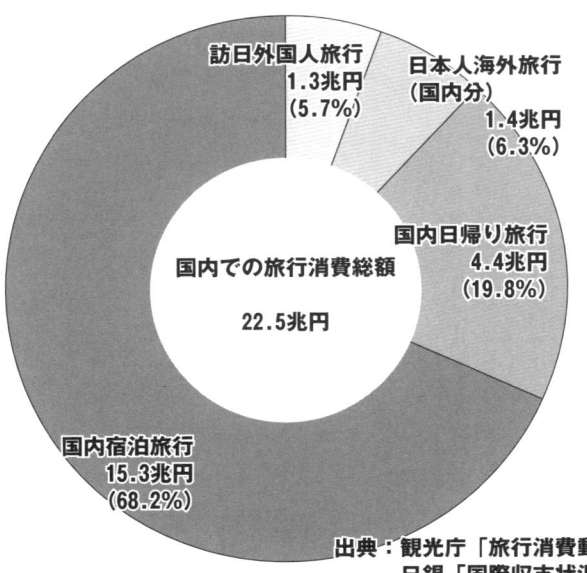

図表-3
日本国内で
旅行によって
消費された金額

出典：観光庁「旅行消費動向調査」
　　　日銀「国際収支状況（速報）」

【図表-3】に示されているように、日本国内での旅行消費額は総額で22兆5千億円です。その内訳を見ると、日本国民の国内での宿泊旅行が約2／3、15兆3千億円です。同じく国内での日帰り旅行が4兆4千億円です。日帰り旅行というのは、最近よく見かけられるバスツアーなどですが、正しくは、日常生活圏を80kmまたは8時間以上離れて行われるレクリエーション活動で宿泊を伴わないものです。この二つ、要するに、日本人が国内旅行をするための消費が約88％を占めています。残る12％のうち、日本人が海外旅行をする際の国内での旅行消費額1兆4千億円（6.3％）を加えますと、国内での旅行消費額に占める内需の比率は94.3％になります。海外旅行の際の国内旅行部分というのは、主な国際線発着空港である成田、羽田、新関西空港、あとは中部のセントレア、福岡などへ行くための交通費です。場合によっては、前の日に泊まるとか帰ってきてから泊まるとかいうことで、宿泊費も入ってきます。それが1兆4千億円です。

　一方、訪日外国人による国内での消費額（輸出に相当するものです）は1兆3千億円、5.7％にすぎません。国としては、輸出振興と同じ考え方で、訪日外国人を増やすために、2013年から観光立国推進閣僚会議を立ち上げ、東南アジア諸国に対する観光ビザの発給条件を緩和する、外国人旅行者の利便を拡大するなどの施策を推し進めています。施策の効果に加えて、円安、東南アジア諸国の経済的な発展もあって、2013年の訪日外国人旅行者の数は、初めて1千万人を超えました。2014年も順調に増えています。国としては、2020年までに2千万人にすることを目標にしています。

　輸出に相当する部分が少ないからといって、自治体の

方々が悲観することはありません。自治体の場合、「外から来る」というのは、外国から来る人だけではなく、日本人の国内旅行も「外からの旅行」ということになります。例えば、旅館やホテルなどの利用は、同じ市町村の方が宴会などで使うということもありますけれども、一般的には、外から来た人が宿泊する、あるいは食事をすることで利用されるのですから、それは、全部国内の旅行が関わってくるわけです。これは22兆5000億円、一応それだけのお金が旅行に関連して全国で動いていて、その中のどれだけを、各自治体が取り込むかということになるわけです。

図表-4　旅行の経済効果

生産波及効果	46.7兆円	5.2%	対国民経済計算
付加価値誘発効果	23.8兆円	5.0%	対名目GDP
雇用誘発効果	399万人	6.2%	対全国就業者数
税収効果	4.1兆円	5.0%	対国税＋地方税

※「2012年度旅行・観光産業の経済効果に関する調査研究」より

　【図表-4】は、経済の諸指標との対比です。それでみると、旅行消費額の生産波及効果は46.7兆円で、対国民経済計算との対比では5.2％です。同様に、付加価値誘発効果の名目GDPとの対比、税収効果は国税＋地方税との対比です。これらの項目は約5％です。3番目の雇用誘発効果は6％になっています。観光関連産業では「雇用創出効果は大きいが、生産性は低い」、丁寧な言い方をすると「レベルから見ると低いほうになる」ということです。しかし、雇用を創出する力がある「観光」に、各自治体が目を向けることは正しいと言えると考えます。

国の観光政策の動向

　終戦後、国が観光振興を政策として採りあげたのは1963年に施行された「観光基本法」からだろうと思われます。1948年には外貨獲得を目指した訪日客誘致が議論され、アメリカやオーストラリアからのクルーズ旅行者を受け入れてもいました。しかし、世の中が落ち着きを取り戻し始めた1950年代の後半には「レジャーブーム」ということが言われていたとのことです。1962年に発表された「旅行のはなし」は当時の運輸省が作成したもので、観光白書の前身ともいうべきレポートですが、

　その冒頭に『ここ数年、レジャーブームという声が聞かれ、・・・』と記述されています。この頃には「観光基本法」が検討されていたものと考えられます。

　「観光基本法」の目指すところは国際観光の発展と国民の健全な観光旅行の普及・発展で、目的は、ⅰ）国際収支の改善、ⅱ）外国との経済文化の交流促進、ⅲ）国民の保健の増進、勤労意欲の増進、教養の向上とされています。このことによって、国際親善の増進、国民経済の発展、国民生活の安定向上とともに地域経済の是正などといった効果が得られるとしています。

　当時の国内の状況は、60年安保の騒動が収まり、国民所得倍増計画（1961～1970年）が動き出した時期です。まず日本人がもっともっと日本の国内を見ようというような考え方が広まり、一般の人たちに「旅行したい」という気持ちが出てきたのです。そのため、低廉に宿泊ができるように国民宿舎をつくり、交通面でも、当時の国鉄が周遊券制度を打ち出してきた時期です。

この時期には、「観光というのは遊びじゃないか。国が遊びにいろいろと手を出すのは如何なものか？」という人たちも多かったため、逆に観光とか旅行とかというのは、日本の国内を見る良い機会だ、勉強になるということが強調されています。そのため、当時の観光資源は神社、仏閣、史跡、有名な景観や奇観、温泉などが観光資源だという考え方があったということです。ディスカバージャパンキャンペーンなどもその流れに沿ったものと言えます。

　その後、アンアンやノンノという若い女性層に向けた雑誌が旅行情報を多く掲載するようになります。これまでの観光資源に加えて、街並みの魅力や「食」、商店街などが観光資源とされるようになり、「小京都」「宿場町」などが新たな観光資源と言われるようになります。雑誌を片手に旅行先を訪れる女性たちを意味する《アンノン族》という言葉が生まれた時代、1970年代です。

　1980年代は旅行の急増期と言えますが、国の政策としては1988年の総合保養地域整備法（リゾート法）が挙げられます。フランスをはじめ欧州各国の休暇の過ごし方を日本にも定着させよう、細切れの休日ではなく、まとまり休暇をとってバカンスを楽しもうという流れをとらえて、そのための施設整備を進めるという施策です。ご存知のように、この施策は失敗に終わりました。理由は簡単です。「休暇はこう過ごすべきだ」という《あるべき論》が先行したからです。観光事業は、まさにビジネスですから、「こういう過ごし方の方が楽しいでしょう」「休暇のこのような楽しみ方をしている人たちが増えています」、だから「この施設をご用意しました」という奨め方になるのでしょう。

　この時期に、観光の経済的効果に着目した政策があり

ました。1987年に打ち出された海外旅行倍増計画（テン・ミリオン計画）です。海外旅行を増やす政策ですから、経済的な側面では輸入促進政策です。当時、日本は増大する貿易黒字を抱え、欧米各国から非難されていました。その非難をそらすために、貿易ではなく、旅行の国際収支の赤字を増大させようということです。1986年に約500万人だった海外旅行者数を、1990年には1千万人に倍増しようとするものです。修学旅行の費用や旅行日数の上限を引き上げること、福利厚生費の範囲でできる旅行を拡大することなどを盛り込んだ施策は、海外旅行意欲が高まりを見せていた風潮にもマッチし、海外修学旅行、海外職場旅行などが大幅に増え、1990年には目標の1千万人に到達しました。

　1990年代にはあまり効果的な政策は打ち出されなかったと考えます。1990年のバブルの崩壊もあって、旅行の動きにも翳りが見えはじめ、バブル期に高級化路線に走った旅館の経営が苦境に落ち込んだ時期でもあります。

　新たな世紀に入って、国の観光政策に新たな動きが出始めます。《観光立国》という考え方です。バブル崩壊後の日本経済を立て直すための経済成長策の柱のひとつとして観光を取り上げようということです。当然、注目したのは輸出産業である訪日外国人客の誘致です。【図表-8】は観光立国にかかわる動きを整理したものです。2003年には「観光立国懇談会」が開催され、目標を「訪日外国人客1千万人」と定めました。4月からは施策の一環として《ビジット ジャパン キャンペーン（ＶＪＣ）》を開始します。2007年1月には「観光立国推進基本法」が施行され、2008年には観光庁が新設されます。

　観光立国推進基本法は、1963年に施行された観光基

本法を全面的に改定したものと言われていますが、この間の経済・社会面および国民の旅行ニーズの大きな環境変化に対応するとともに、≪政策の実行≫ということに重点を置いている点が大きな変化であると考えます。観光立国推進基本計画を策定すること、政策を推進するための役割分担を明示していることにその考え方が現れています。役割分担は、国、地方公共団体、地域住民、観光産業のそれぞれに対して求められています（第3条〜第6条）。

**観光立国推進基本法
で定められた役割分担**

  ⅰ）国の責務
   観光立国の実現に関する施策を総合的に策定、実施する。
  ⅱ）地方公共団体の責務
   地域の特性を活かした施策を策定し、実施する。
   また、広域的な連携・協力を図る。
  ⅲ）住民の役割
   観光立国の重要性を理解し、魅力ある観光地の形成への積極的な役割を担うよう努める。
  ⅳ）観光事業者の努力
   観光立国の実現に主体的に取り組むよう努める。

しかし、2009年以降も新たな実行計画は打ち出されることなく、ＶＪＣを継続実施するだけに止まります。2003年に約500万人だった訪日外国人数は順調に増えて2007年には800万人を越えましたが、頭打ちになります。その上、2009年のリーマンショック、2011年の東日本大震災もあって、目標とされていた１千万人は届きそうで届かない目標になっていました。

図表-5　観光立国への道

```
≪観光立国政策の動向≫
2003年 1月　「観光立国懇談会」⇒訪日旅行者1,000万人を目標
       4月　ビジット ジャパン キャンペーン事業開始
2006年12月　観光立国推進基本法が成立
2008年10月　観光庁設置
2012年 3月　観光立国推進基本計画を閣議決定
2013年 1月　「日本再生に向けた緊急経済対策」を閣議決定
       6月　観光立国推進閣僚会議を開催
            ⇒観光立国実現に向けたアクションプログラム
            アジア各国向けビザ緩和
      12月　訪日外国人客1,000万人達成
2014年 6月　観光立国推進閣僚会議開催
            ⇒「訪日外国人2,000万人時代」に向けての
            アクションプログラム2014を決定
```

　2012年の３月に観光立国推進基本計画が閣議決定されましたが、目標数値も過大で、具体的な方策も示されていなかったため、混乱した政局の中で推進されることなく2013年を迎えます。この年には、１月に日本再生に向けた緊急経済対策が出され、この中に観光に関わる部分がありました。その部分を詰めるために、６月に観光立国推進閣僚会議が開催されます。その会議でアクションプログラムが発表され、アジア向けのビザの緩和が大掛かりに実施されました。同時に円安ということもあって、2013年は、日本への外国からの来訪客が1000万人を越えるという年になりました。2014年に入って、

再び観光立国推進閣僚会議が開催され「2000万人時代に向けてのアクションプログラム」が出されました。主な項目は次のとおりです。【図表-6】

図表-6　アクションプログラム2014の主な項目

≪観光立国実現アクションプラン2014の主要項目≫
（観光立国推進閣僚会議：2014.06.26）

① **「2020オリンピック・パラリンピック」を見据えた観光振興**
MICE誘致・開催促進。東アジア諸国と連携した広域プロモーション。無料公衆無線LAN環境整備。観戦チケット＋IC乗車券フリーパスの導入など。
② **インバウンドの飛躍的拡大に向けた取り組み**
質の高い日本ブランドとその発信による高次元なインバウンド政策の推進。外部マーケティング専門家の参画によるマーケティング戦略本部の設置。
③ **ビザ要件の緩和など訪日旅行の容易化**
インドネシア向けのビザ免除、フィリピン・ベトナム向けの大幅緩和、インド向けの数次ビザ導入。富裕層向けの外国人長期滞在ビザの導入など。
④ **世界に通用する魅力ある観光地域づくり**
地域資産の磨き上げ。ストーリー性・テーマ性に富んだルート開発、海洋観光国としてのブランド強化、農林漁村観光の情報発信強化、宿泊施設での着地型旅行商品の販売制度検討、離島・中山間地域でのレンタカーによる周辺観光の規制緩和など。
⑤ **外国人旅行者の受入れ環境整備**
外国人旅行者の不便・障害・不安解消と満足度向上。
例）タクシーの多言語化（IT活用）、免税店の拡大（1万店に倍増）
⑥ **MICEの誘致・開催促進と外人ビジネス客の取り込み**
日本の優位性を海外発信するMICEブランドの構築。ユニークベニューの掘り起こしとリスト化、事例集のとりまとめ。統合型リゾート（IR）は国民的議論を踏まえて関係省庁で検討など。

　　　主な項目は6項目ですが、ほとんど全部がインバウンド対策、要するに、外国人客をどうやって呼び込むかという対策です。2020年のオリンピックに向けてどうする、ビザをどのように緩和していくか、外国人に向けて滞在中の不便さを解消する、ということです。例えば、無線LANを無料で提供できるようにしようとか、いろいろな情報発信を多言語化していこうとか、そのようなことが出ています。その中で、ひとつだけ各自治体にとって重要かなと思うのは、第4項の「世界に通用する魅力

ある観光地域づくり」です。一応、外国人向けにということで書いてありますけれども、これは必ずしも外国人向けではなくても観光魅力を磨き上げていくというのは、非常に大切なことです。その中の小項目に少し変わったものがあります。「宿泊施設での着地型旅行商品の販売制度検討」ですが、実際には、気の利いた宿泊施設では既に実施していることで、あらためて言うまでもないことではないかと思います。宿泊施設がもっと頑張って、自分の所へ泊まってもらうためには、地域が良くならないとなかなか泊まってもらえないぞということで、宿泊施設に少し発破をかけていくという意味では非常に良い政策かなと思います。

　このように見ますと、アクションプログラムは訪日外国人向けです。少しは日本人による国内旅行の需要を創出することにも力を入れても良いのではないかと考えます。そのことをまとめてみました。

《国の観光振興政策の不足部分》
国内旅行消費額が漸減傾向にある中、国内での新たな需要創出は不可欠
　　⇒　休暇制度への意識改革＝有給休暇の完全消化
　　⇒　抬頭するニューツーリズムに向けた事業モデルづくり

　ひとつは休暇制度です。これまで、3連休化ということで、幾つかの祝日を月曜日に移しました。最近、休暇制度でよく言われるのは、休日分散化です。5月のゴールデンウィークや10月のシルバーウィークを地域によって少しずらすということが検討されました。こうすることによってピークを分散し、宿泊需要を平準化して効率を高めようというものです。実際に、ドイツではサマーバカンスの分散化を実施したことがあります。しか

しながら、意味のある施策とは思えません。何故かといいますと、国内旅行をする人は、広い範囲で見ると同じ地域の中で旅行する人が多いからです。例えば、関東に住んでいる人は関東の地域内での旅行が多いのです。ですから「関東はここがゴールデンウィークだぞ」と決めても、関東の域内の観光地にとってはその期間に集中していることはあまり変わらないのです。わずかなものであっても分散化できればよいという議論もありますが、社会的なマイナス点を考えると実施には無理があると考えます。休暇の問題で、それ以上に重要なことは有給休暇の完全消化です。現在、有給休暇の取得率は50％程度に過ぎません。完全取得が進めば、旅行の実施時期も分散化されることが期待できます。

　もうひとつは、台頭するニューツーリズムに向けた事業モデルづくりというのがあります。詳しくは後述しますが、今、旅行に対する志向が大きく変わってきています。変わっている最中です。しかしながら、それに対する事業モデルがほとんどできてない状況です。例えば、よくある農業体験ですが、一部にはビジネス化している地域がありますが、うまくビジネス化されていない地域が多いと思います。地域によってビジネスモデルが一様ではないからです。

　富岡製糸場が世界の文化遺産になり、大勢の見物客が訪れています。当然、説明をする人が居なければ、製糸場内を見て歩いてもそれほど面白いはずはありません。ＴＶの報道を見ていると、案内・説明する人たちがいますが、この案内・説明をする人たちにとって、きちんと職業になるような制度づくりを考える必要があります。事業モデルづくりとはそういうことです。

近年の旅行の動向

　旅行の動向のことに入る前に、旅行（観光）に関する調査・統計について確かめておきます。
　日本人の旅行は大別して三つに分類できることは先述したとおりです。国内の宿泊旅行、国内の日帰り旅行、海外旅行です。さらに、外国人による訪日旅行を加えると、旅行の経済的側面をとらえることができます。この項では、旅行の量的な側面をとらえようとしています。旅行に関する包括的な調査はいくつか実施されていますが、「観光に限定した調査」と「すべての旅行を対象とした調査」があります。この項では、経済的な側面からの動向を把握するため、観光に限定することなく、帰省や親族訪問などを含む私的な用事の旅行、業務旅行などすべての旅行を対象とした調査をベースにしています。
　自治体が旅行（観光）に関する政策を検討する場合、異なる数値をベースにしていたのでは議論になりませんから、どの調査や統計から採った数値か、その調査・統計はどのように実施されたものかについて明確にしておく必要があると思います。特に、入込客数の統計数値は計測方法によって大きく変わることがあります。また、国際比較をしようとする場合、各国の旅行の定義が異なることが多いので、注意する必要があります。日本人の海外旅行者数や訪日外国人数などは、出入国統計がベースだから間違いないと考えるかもしれませんが、日本に居住している外国人が出入国した場合、日本人の海外旅行と同じ経済的効果がありますが、カウントとしては、出国は「外国人が出国した」だけですから、「日本人の

海外旅行者数」には入りません。逆に、帰国した場合、「入国外国人」になりますから、うかつに取り扱うと訪日外国人にカウントされます。

　各都道府県、各市町村が入込み観光客数を発表していますが、この計測方法についても、それぞれで確認しておいた方がよいと思います。何といっても、観光振興政策のベースになる数値ですから、どのような意味を持っている数値であるかについてはきちんと知っておく必要がある筈です。観光に関連するデータを公開している機関をまとめましたので、必要に応じてホームページなどで確認してみてください。

ⅰ）観光庁
　⇒観光白書、観光消費動向調査、宿泊調査など

ⅱ）独立行政法人日本　国際観光振興機構（JNTO）
　　通称：日本政府観光局
　⇒訪日外国人関連、MICE関連

ⅲ）公益社団法人日本観光振興協会
　⇒「観光の実態と志向」、その他各種調査

ⅳ）公益財団法人日本交通公社
　⇒旅行者動向調査
　⇒「旅の図書館」＝八重洲

ⅴ）株式会社JTB総合研究所
　⇒「JTBレポート（海外旅行実態調査)」
　⇒ホームページに旅行関連データ集

《国内旅行》

　国内旅行の長期的な量的推移をみると、それほど大きな変化はありません。【図表-7】では、2011年を底として増加傾向にあるように見えますが、長期では、2010年までが漸減傾向、2011年は東日本大震災の影響による落ち込み、2012年は反動増と考えます。2013年は富士山の世界遺産登録、伊勢神宮の式年遷宮、景気回復への期待感などのプラス効果によって大幅に増えました。円安の進行による海外旅行から国内旅行へのシフトを言う向きもありますが、2012‐13年での海外旅行者数の減少は約100万人、国内宿泊旅行の増加は1千万人であり、シフトがあったとしても、その影響は小さいと考えられます。短期的な見通しでは、2015年までは微増が続きますが、その後は、人口減少の影響が出てきそうです。

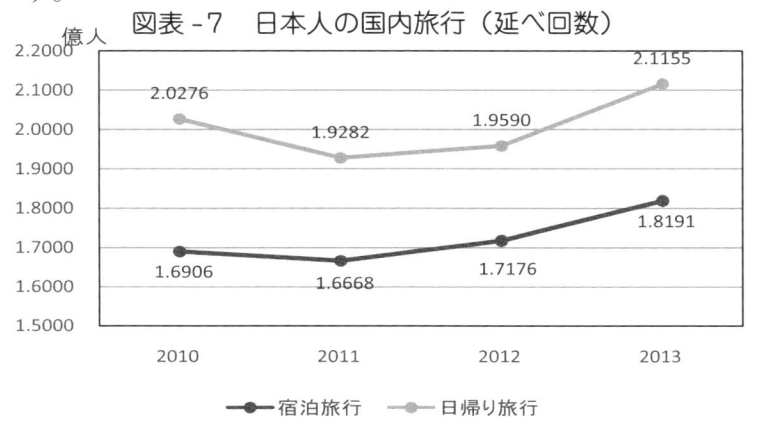

図表-7　日本人の国内旅行（延べ回数）

年	宿泊旅行	日帰り旅行
2010	1.6906	2.0276
2011	1.6668	1.9282
2012	1.7176	1.9590
2013	1.8191	2.1155

（単位：億人）

出典：観光庁「旅行・観光消費動向調査」

《海外旅行》

　海外旅行者数は、景気の影響はもちろんですが、その外にも、為替レート、治安や衛生上の問題など、様々な要因の影響を受けやすく、予測を難しくしています。因

みに、2008年はSARS、2009年はリーマンショックの影響で大きく減少しました。2012年は急速に進んだ円高が好影響をもたらしたものです。2013年は円安の上、韓国、中国との摩擦によって伸びを欠きました。2013年の中国、韓国への旅行者は、前年と比べて140万人も減っています。

　海外旅行の懸念材料は、若年層の海外旅行離れと言われています。海外旅行が身近になり、特別なもの、例えば、「卒業旅行は海外へ」と考える人たちが減っているということです。ＬＣＣ（低料金航空会社）、情報収集や手配の容易化など、プラス要因もあります。

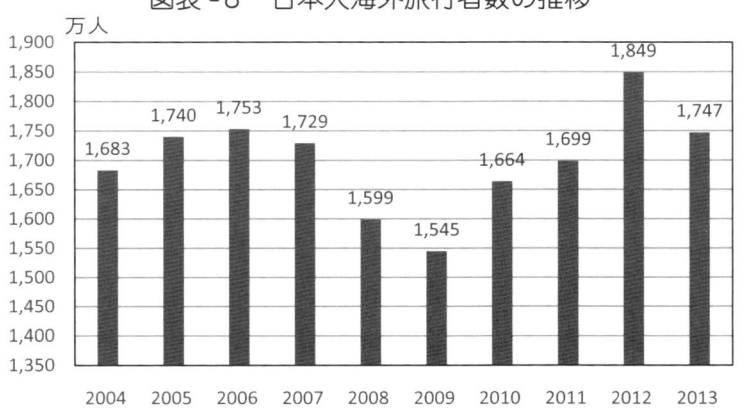

図表-8　日本人海外旅行者数の推移

年	万人
2004	1,683
2005	1,740
2006	1,753
2007	1,729
2008	1,599
2009	1,545
2010	1,664
2011	1,699
2012	1,849
2013	1,747

出典：出入国統計をもとに観光庁算出

《訪日旅行》

　国の観光政策の項で述べましたが、2003年の観光立国宣言以降、国の政策は訪日外国人の誘致に重点を置いてきました。2008年に頭打ちを感じ始めた時、2009年のリーマンショックに遭い大きく減らします。2010年に復調の兆しが見えましたが、2011年の東日本大震災

と原発事故の影響で大きく減ってしまいます。2012年に800万人台を回復しますが、円高の状況の下、プロモーション活動に偏重した政策展開では、これが限界だったのかもしれません。2013年には国の政策が大きく転換され、観光ビザの緩和策がとられるようになりました。これに円安という状況が加わり、輸出産業と同じ構造を持つ訪日外国人客の誘致は大きく伸び、目標としていた1千万人を達成します【図表-9】。観光ビザの緩和対象国が拡大されている2014年も、順調に伸びています。アジア各国の経済の伸長もあって訪日外国人数は堅調に伸びると考えます。

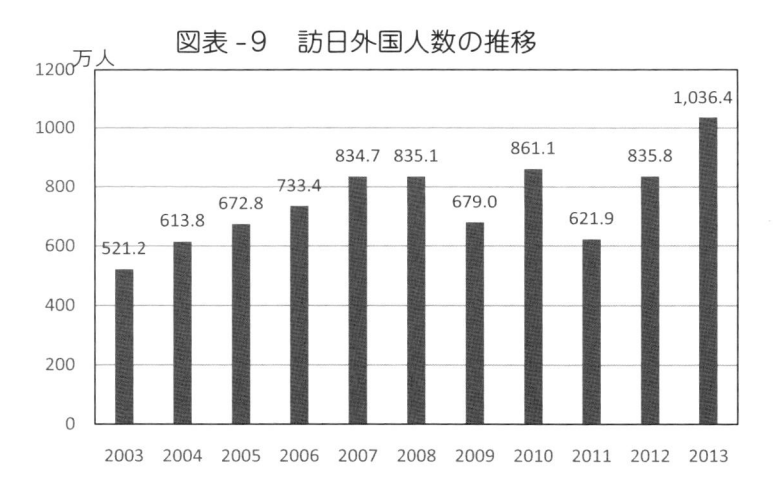

図表-9　訪日外国人数の推移

年	万人
2003	521.2
2004	613.8
2005	672.8
2006	733.4
2007	834.7
2008	835.1
2009	679.0
2010	861.1
2011	621.9
2012	835.8
2013	1,036.4

出典：日本政府観光局（JNTO）

　これまで旅行タイプを区分せずに話を進めてきましたが、観光旅行と業務旅行の比率を見たのが【図表-10】です。観光旅行が46.3％で最多ですが、推移をみるとわずかですが減少傾向にあります。業務旅行や家事・帰省旅行はあまり変化していません。注目するべきなのは「その他の旅行」が、2010年から大きく増えていることです。

「その他」とは、個人的な関心事や事情によって行われる旅行で、例えば、「アニメの舞台を訪れる旅行」、いわゆる「聖地巡礼」などと言われる旅行やお遍路さんのような巡礼が含まれています。このことは、観光旅行への考え方が変化していることを表すものと考えられます。

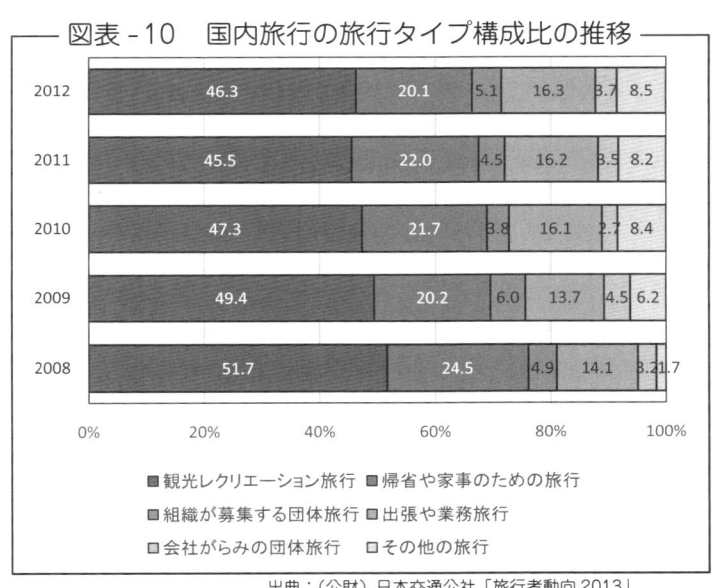

図表-10　国内旅行の旅行タイプ構成比の推移

年	観光レクリエーション旅行	帰省や家事のための旅行	組織が募集する団体旅行	出張や業務旅行	会社がらみの団体旅行	その他の旅行
2012	46.3	20.1	5.1	16.3	3.7	8.5
2011	45.5	22.0	4.5	16.2	3.5	8.2
2010	47.3	21.7	3.8	16.1	2.7	8.4
2009	49.4	20.2	6.0	13.7	4.5	6.2
2008	51.7	24.5	4.9	14.1	3.2	1.7

出典：(公財) 日本交通公社「旅行者動向2013」

【図表-11】は旅行の動機を聞いたものです。「日常生活からの解放」が過半数を占め、「旅先での美味しいものを求めて」「保養・休養」などが上位を占めています。この3年間の推移を見ても、順位には大きな変化がありませんが、2010年と2011年を比べると、10ポイント以上減少した項目がかなりあります。多くの項目は2012年にも減っています。ほとんどすべての項目の数値が小さくなっていますが、この質問が複数回答であることに留意すると「動機が絞られてきている」と考えることが

自然だと思います。

図表-11　旅行の動機

旅行の動機	2010年	2011年	2012年
日常生活から解放されるため	64.7	59.4	56.1
旅先の美味しいものを求めて	59.6	44.3	38.6
保養、休養のため	54.1	43.7	36.7
思い出をつくるため	37.9	31.3	28.7
未知のものに触れたくて	38.4	27.1	24.6
美しいものに触れるため	41.0	26.1	22.2
家族の親睦のため	28.2	25.9	21.0
感動したい	30.4	21.1	19.2
知識や教養を深めるため	26.9	15.9	15.5
思い出の場所を訪れるため	15.1	12.0	11.2
友達との付き合いを楽しむため	16.6	13.8	10.8
ぜいたくしたい	9.3	10.9	10.1
現地の人や生活に触れたくて	16.3	11.1	9.6
何の予定もない時間を求めて	10.4	8.0	7.6
なんとなく	6.3	6.3	5.4
自分を見つめるため	6.8	5.3	4.7
ひとりになりたい	3.7	4.3	4.6
健康増進のため	6.2	3.3	2.9
みんなが行くから	2.3	1.6	1.4
ハプニングを求めて	2.9	1.8	1.3
新しい友達を求めて	2.4	1.1	1.3

出典：(公財) 日本交通公社「旅行者動向2013」

《旅行ニーズの変化》

　旅行へのニーズは時代とともに、旅行の経験を積むとともに変化しています。戦後の旅行は1950年代の後半から始まったと言われています。当時は家電製品すら普及していなかったため、家族での旅行は希望だけで終わっていました。修学旅行とか新婚旅行など、特別な機会にするものだったようです。その頃の個人的な旅行の主役は20代の独身者です。宿泊を伴う登山やスキー旅行、日帰りも可能なハイキングや海水浴などのレジャー旅行が主流です。しかし、その頃の旅行は、まだまだ貧しいものだったと言えます。そのため、国民の旅行を容

易にするため、低廉な料金で宿泊できる国民宿舎が観光地に建設されました。

　1960年代のもうひとつの動きは、招待旅行、報奨旅行と職場旅行です。招待旅行はメーカーが販売店を招待する旅行が多く、報奨旅行は保険会社が成績の良い販売員や代理店に対してインセンティブとして実施していました。職場旅行は福利厚生事業として企業が社員に対して実施していたものです。いずれにしても、旅行に対する強いニーズがあったことから行われていたものです。信用金庫などが実施していた積立旅行も預金獲得を目指す信用金庫の仕掛けです。

　大きな転換点になったのは1970年の大阪万博です。大阪万博を見るための旅行では家族旅行が盛んになりました。この頃には国民所得も大幅に伸びてきたため、少し無理をすれば、子どもの良い経験になる旅行に連れて行こうという風潮がでてきたのではないかと思いますが、大阪万博がそのきっかけになったようです。この頃から、上司と一緒の職場旅行は気づまりだと感じる若い人たちが増え、友人とのグループ旅行が増えてきます。要するに、自分の財布から支出して旅行する人たちが増えてきたということです。この頃の情報源は「アンアン」や「ノンノ」の情報誌です。女性向けのファッション情報誌ですが、読者のニーズが旅行にあるとみた編集者が旅行情報を掲載するようになり、この雑誌を携帯した若い女性が観光地に現れ「アンノン族」と呼ばれたのです。

　こうして旅行経験を積んでいった人たちが、家族旅行、夫婦旅行をするようになり、観光地と温泉を巡るだけの旅行に飽き足らなくなってくるのは時間の問題でした。旅行をすることが目的ではなく、旅行先で何をするかということに目が向くようになりました。目的を持った旅

行です。NHK の大河ドラマや朝の連続ドラマにゆかりの地を訪ねる、有名な小説の舞台を訪ねる、個人的な趣味を達成するための旅行先を選ぶというように変わってきました。1980 年代の後半はバブル景気があって、このような流れが薄められてしまいましたが、バブル崩壊後の 1990 年代には、このトレンドはより明確な形となって再現されます。観光地を周遊する旅行ではなく、達成しようとする目的を持った旅行です。

　このトレンドが進化して「ニューツーリズム」と言われるようになりました。当初、農業体験のグリーンツーリズム、環境保全に配慮したエコツーリズムが「ニューツーリズム」とされていましたが、現在では、訪れた地域を良く知りたい、地域のことを歴史や風習も含めて知りたい、というニーズが膨らんできています。地域の特徴的なことを地元の人との話の中で知りたい、地元の人たちに農林漁業のことを聞きながらその生活も含めて体験したい、というニーズです。地域の歴史が育んできた生業（なりわい）を訪ねる「なりわいツーリズム」を提唱する人もいます。富岡製糸場が世界遺産に登録されたことを機会に注目されていますが、近代化産業遺産（ヘリテージ）ツーリズムは、研究され始めてから十数年が経過しています。地域のマイナス点を逆手に取った観光資源化もされています。アートとのコラボレーションで地域資源を観光資源にしようという動きもあります。スポーツツーリズムやアニメツーリズムもあります。ＩＴ化の進展に伴う新たな動きもあります。「オフ会」ツーリズムです。ネット上だけでの付き合いから、リアルな場面での付き合いの機会もつくろうということのようです。

　このような動きは、まだまだ、沢山ありますし、これ

からも数多くの形が出てくるでしょう。注目するべきなのは、このような動きのキーワードは「交流」です。地域の人たちとの交流を通じて、地域のことを良く知りたいというニーズです。異なる地域で暮らす人と人が何らかの接点を基に交流するというニーズもあるでしょう。次の項で後述する地域資源が観光資源に変わる元は無限とも言えるほど多くなっています。それほどに、旅行をして、新たなことに出会いたいというニーズは広がっており、強いものだということです。

第3部　地域における観光資源の考え方

　おそらく、どの市町村でも基本計画を作成するにあたって、基本方針の中に「観光振興」を地域づくりのひとつの柱にするということが入っていると思います。大多数の市町村がそうしていると思います。東京23区なども、かつては「観光」に無関心でしたが、最近10年程は観光基本計画を策定し、アクションプランも策定するようになりました。その場合に問題になるのが《観光資源》です。自治体の方とお話ししていると「うちには観光資源がなくて・・・」と言われることが少なくありません。ここからは、地域の観光資源について考え方を整理していきます。

　観光資源というと、神社・仏閣、国（あるいは県の）の重要文化財、奇観・名勝、温泉、お祭りや伝統行事、地元出身の著名人などを思い浮かべるかと思います。それが間違いとは言いませんが、最近の観光資源に対する考え方、旅行者の行動を見ているとそれだけではないことが判ります。

　これまでに考えられてきた観光資源は、『利用者がそれを見ることによって、美しさ、偉大さ、深遠さなどを感じ、自己発見へといざなうもの』というように表現されます。少し具体的に言うと、次のような6要素のいずれかが必要となるということです。「美しさ」「珍しさ」「大きさ（長さ、高さ）」「古さ（新しさ、新鮮、先端性）」「静けさ」「地方色」です。6番目の「地方色」には注目してください。その他の要素がないと、前述したように「う

ちには観光資源がない」という発言になりますが、「地方色」は必ずあると思います。また、失わないように留意しなければならないものです。実際には、最近では旅行する人の意識が変わってきて、そういう意味では地域資源が変わってきています。その変化の方向は《旅行への誘因が多様化する⇒利用可能な地域資源も多様になる》ということです。そこで求められるものは地域の現在、過去、気候風土、立地環境などからもたらされた特性とその特性を説明できるあるいは活用できる人材です。

図表-12　観光資源の新たな考え方

≪従来の観光資源の考え方≫
利用者がそれを見ることによって、美しさ、偉大さ、深遠さなどを感じ、自己発見へと誘うもの。
次の6要素のいずれかが必要とされる。
　①美しさ　②珍しさ　③大きさ（長さ、高さ）
　④古さ（新しさ／先端性）　⑤静けさ　⑥地方色

≪新しい地域資源の考え方≫
旅行者は、地域がもっている歴史・気候・風土などが育んできた生活文化、郷土意識などに触れることを求めている。
　①地域の日常的な生活文化
　②地域の産業と形成された経緯
　③地域にもたらされた新たな意味づけ
　④地域に残されている（伝承されている）こと
　⑤上記を来訪者に伝えられる人材

旅行する人が、地域が持っている《何か特別なもの》に触れる機会を求めているということです。生活文化は人が住んでいれば必ずあります。ですから、必ず何かがあります。人が住んでいる地域で産業がない所はありません。そういう産業から出てきたものが必ずあります。地域の《特別なもの》を観光資源にするためには、そういうものを探し出して、磨き上げていく必要があります。その過程での重要なポイントは、《地域の特別なもの》というのは、きちんと説明がなされないと理解してもらえないことが多いということです。そういう説明を聞くということが非常に大きな楽しみにつながります。そういうことが、今、求められていると思います。旅行する人と地域の人との関わりです。詳細は後述しますが、最近言われている《ニューツーリズム》の観光資源は「人の関わり」です。

　地域特性による観光資源さがしに入る前に、少し変わった例を挙げてみます。埼玉県の北東部に鷲宮町という町がありました。2010年に久喜市と合併して、現在はその一部になっていますが、この地区に鷲宮神社があります。酉の市の本社という由緒のある神社ですが、2004〜07年の初詣客は10万人前後というところでした。ところが、2007年の夏ごろから、この神社に奇妙な参拝者が現れ始めます。地元の商店街でも、コスプレの若い人たちが参詣に来るのですから不思議に感じていましたが、商工会の人がこのグループに声をかけてみて理由がわかりました。

　『らき☆すた』というアニメがあって、その舞台に鷲宮神社が出てくる。アニメファンはこういう場所を「聖地」と呼んで《聖地巡礼》という行動をとるのです。このアニメは2007年4〜9月に16のＵＨＦ局で放映され

ました。また、アニメ雑誌の「月刊ニュータイプ」8月号に「『らき☆すた』的遠足のしおり」という記事が掲載されたことがきっかけで来るようになったのです。このアニメの作家が鷲宮町の出身だったので、この神社が題材になったと考えられます。

　ここまでであれば、地域は便乗しただけ、棚から牡丹餅ということですが、当時の鷲宮商工会はこの動きを活かすために、《聖地巡礼》の人たちと話し合い、商品開発や販売方法を商店街と話し合います。また、もっと楽しんでもらえるようにしようということで、イベントを仕掛けます。神社の伝統的に続いている「土師祭」で、アニメのキャラクターを描いた『らき☆すた神輿』をつくって担いでもらう、アニメの作家（美水かがみ）や出演した声優を招いて《公式参拝》をしてもらう、アニメの主人公一家を鷲宮町の住人として住民登録するなどということを矢継ぎ早に打ち出します。この結果、鷲宮神社の初詣客は2008年に30万人、09年に42万人と増え、ここ数年は47万人となっています。

　鷲宮神社が由緒のある神社であるとはいえ、偶然見かけた新しい参拝客から得た情報を活用して、観光資源としての意味づけをしたことが成功の要因です。物語性が付与されたことで、今まで眠っていた地域資源が生き生きと活動の場を与えられたということです。

　たまたまアニメがきっかけだったことで、鷲宮はよく例として採り上げられます。しかしこのような例はいくらでもあります。NHKの大河ドラマの舞台や主人公にゆかりの場所、ヒットした映画や小説の舞台、コマーシャルフィルムに使われた「橋」などもあります。多くの自治体がフィルムコミッションを設置して、いろいろなメディアに地域の映像を使ってもらおうとしている目的の

ひとつは、この例のようなことを起こしたいということだと思います。

観光資源のことを考えていただく前に、鷲宮町の例を挙げたのは、地域の資源を活用するというときに、あまり固く考えないでもらいたいと考えたからです。正統的に地域資源を観光資源化し、活用するための糸口をつけるために、【図表-13】と【図表-14】を用意してみました。

図表-13　地域の現状による特性から見た観光資源の要素

地域特性	観光資源の要素
大都市	都市的景観、歓楽街、繁華街、文化施設の集積、産業集積、交通利便性
小都市	地域の特徴ある「食」「伝統工芸」「産業（生業）」、都市的利便性
工業都市	大規模工場の景観、企業イメージを高めるための文化的施設、産業遺跡
港湾都市	港湾関係事務所、銀行、倉庫群、桟橋、バックヤードの歓楽街
田園地域	水車／水田周辺／里山などの農村景観、生活用品関連の様々な生業
漁村	坂／海／波止場が創る漁港風景、魚市場、新鮮な地魚料理
中山間地域	棚田／清流／雑木林などが創る景観、様々な農林業体験
水源地	渓谷／清流／湧水などが創る山間の景観、川魚料理、季節の山の幸
湖沼・河川	水面を活用したレジャー、岸からの景観／水面からの景観、淡水魚の料理

各地域の現状の中にも、それぞれの地域特性に観光資源の元になる素材は隠されています。【図表-13】

大都市であれば、都市的な景観、有名な歓楽街、いくつかの特徴ある繁華街（商業施設の集積）、伝統的あるいは先端的な産業集積、博物館／美術館／劇場（ホール）といったようなものが人を集める魅力になっています。少し考えてみれば分かるように、私たちが海外旅行で初めての外国を訪問する場合、その国で最も有名な大都市を選ぶと思います。大都市というものは、人を惹きつける「何か」を、「いくつも」内包しているということだと思います。

小都市は、周辺を含めた地域の特徴ある「何か」を持っていると思います。産業（生業）や伝統的なものづくり、

伝統的な地域文化（祭、食、風習など）などです。工業都市、港湾都市にもそれぞれの魅力があります。最近では、大規模工場の景観を楽しむツアー（川崎市）もあります。あるいは残されている古い施設を産業遺産として観光的に活用しようという動き（日立市）も活発です。港湾都市につきものの倉庫群、大きな桟橋は活用の余地がありますし、後背地にある船員向けの歓楽街も魅力になります。かつてはヒト・モノの流れの要となっていたのですから、税関、入管などの港湾事務所や銀行も風情を残しています（北九州市）。

　田園地域、中山間地にもそれぞれの魅力的な素材が眠っています。田園風景の中にある水車、恵みをもたらしてくれる里山も田園景観の大切な要素です。中山間地はもっと変化に富んでいると思います。棚田、渓流、雑木林などが景観を形成しています。このような場所は様々な農林業の体験には適地です。さらに、伝統的な生活様式あるいは生活産業群、主要な農産品と伝統的な「食」の在り方。そのようなものが資源になります。

　漁村、水源地域、湖沼・河川の沿岸地域もそれぞれに素材を保有しています。漁村には漁村の風景があり、早朝の魚市場、地魚を素材にした地元らしさのある料理、水源地域には湧水・清流・渓谷・広葉樹林などによってつくられる景観、季節感のある山の幸や川魚を活かした食があります。湖や川の沿岸地域では水面を活かしたレジャー活動が地域魅力の素材になると考えます。

　この分類の地域特性は、ひとつの自治体がひとつの特性ということではありません。各自治体には複数の特性を持った地域があると思います。例えば、東京都のようなところでも、多摩地区のように中山間地や水源地域もあります。小笠原諸島はさておき、伊豆七島・八丈島な

ど、島嶼部もあります。各自治体が、それぞれの地区の特性を掌握して観光資源の素材を磨き上げることを考えてもらえばよいと思います。

　地域には、現状のほかにもうひとつの貌があります。それは地域がどのような過程で形成されたかということです。【図表-14】

図表-14　地域の形成過程による特性

地域特性	地域形成の過程からくる観光資源要素
城下町	わが国の地方中核都市のほとんどは近世（安土桃山～江戸）に城下町として発展した都市。明治期の廃城令により城郭、寺社地は破壊され、現存しないことが多いが、かつての都市基盤は継承されていることが多い。
門前町	著名な寺院や神社への参拝客を受け入れることを発展の基盤とした都市。山門／宿坊、鳥居／灯篭／参道並木、御師などが特徴であり、町家、参道、宿坊、旅籠などが街並を形成している。
港町	17世紀後半から、瀬戸内海⇒下関⇒日本海沿岸の西回りルートと江戸⇒太平洋沿岸⇒津軽海峡の東回りルートが発達した。様々な物資の集積地として都市が形成された。（北前船もそのひとつ）
在郷町	農村部の商品生産の拡大に伴って発展した商工業中心の小都市。内陸交通（街道、舟運）の要衝に成立し、鉱業、（軽）工業から発展した都市の例も少なくない。
鉱山町	江戸期の金山、銀山は隠密裏に採掘されていたため、都市の形成には到らず、明治期の銅山、炭鉱で大勢の鉱夫を集めたことから都市的集積が形成された。生活関連施設、娯楽施設も設置された。
宿場町	主要街道沿いに発達した集落都市。特に往来の多かった五街道や主要往還沿いに立地し、街道沿いに短冊状の街並を形成した。本陣、脇本陣、物資輸送の問屋、人足を徴用する助郷などが特色。

　「城下町」「門前町」「宿場町」は良く知られていると思います。「港町」についても北前船で知られていると思いますが、現在でも港湾都市になっている地域が多いところです。少し変わっているのが「在郷町」です。これは周辺の農山村の産品を集める《商品集積地》ということで、例えば、関東では秩父市などが相当するかもしれません。秩父市は周辺の農家が養蚕をやっていて、そこから集めた絹から絹織物を作っていました。その絹織

物を八王子市に送り、そこから江戸へ、明治以降は横浜に運んでいました。そういう集積地というのはいろいろあります。例えば、大分県の内陸部に竹田市というのがあります。荒城の月のモデルとして有名なお城のある所です。もともと城下町でしたから少し意味合いが違うかもしれませんが、地域の中核になっていて、周辺地域から様々な取引業者が集まってきていたようです。取引業者が荷を運ぶための馬を繋ぐ造作が残っている店もあります。

　その他、千葉県の、今は香取市になっていますが、佐原も一例です。ここは舟運です。川を使った運搬船の港になっていて、そこから江戸に物資を運んでいました。佐原は問屋さんが今でも残っていて、華やかな山車が練り歩く祭が健在です。それこそ川越は小江戸と言っていますが、佐原はさらに大きく《江戸まさり》と言って、江戸よりも佐原の方が賑わっているというぐらいの気概を持っています。

　こういう地域を在郷町と呼んでいますが、各自治体にもあるのではないかと思います。かなり前に、国勢調査の通勤・通学の状況から全国の都市の通勤圏、通学圏を確かめたことがあります。工業団地がある、大規模商業施設があるなど、理由がわかり易い地域もありますが、理由が読み取れないケースがありました。思い返してみると、在郷町だったのではないかと考えます。

　特殊ですけれども、最近見直されているのが、鉱山町です。最近、長崎県の軍艦島（端島）が見直されていますが、鉱山町は戦前から戦後にかけて、エネルギー源や鉱物資源を確保するために、国策として進められてきたので、狭い地域に多くの人が集まって町を形成していました。軍艦島は長崎県高島の南にあった小さな瀬と岩礁を

埋め立てて建設された人工島です。歴史は古く、1897年から1931年にかけて、6期にわたる埋立工事によって完成しました。戦前も3千人あまりの人が住んでいましたが、戦後になって、石炭需要が増大し、1950年には4千人、最盛期の1960年には5千人を越える人口がありました。島には、生活に必要な店舗、小・中学校、病院、理髪店・美容院、寺院などのほか、映画館、麻雀荘、パチンコ店、スナックもあったとのことです。1970年代には、エネルギー需要の変化から減産が進み、1974年には閉山になります。鉱山町は、一時的には大きな人口を抱えますが、様々な理由から閉鎖され、打ち捨てられた地域になってしまいます。しかし、最盛期に建てられた施設には立派なものが少なくないため、その活用が考えられるようになっています。多いのは劇場（芝居小屋）や映画館などです。

　また、鉱山町の場合、産業遺産としての価値も考えられます。軍艦島も世界遺産登録を進めようという動きもあります。すでに、石見銀山は世界遺産に登録されています。

　地域ということではないので、【図表-13】に入れてありませんが、《近代化産業遺産》にも注目したいと思います。最近、富岡製糸場が世界遺産に登録されて注目されていますが、明治時代には工業化が進み、工場が建設され、鉄道網や港湾が整備されました。産業の近代化です。そういう近代化された産業が、現在では取り残されて、遺跡のように残されているものが全国のあちこちにあります。これらを《近代化産業遺産》あるいは「ヘリテージ」と呼んで、観光に活かそうということです。これを《ヘリテージツーリズム》とも言います。

　《近代化産業遺産》には様々な形態があります。例えば、

北九州市では、門司駅をはじめ、港湾施設、銀行や商社の建物などを遺産と考えていますし、旧八幡製鉄（現新日本製鉄）の初期型の溶鉱炉なども遺産として見学施設化しようと検討しています。鹿児島市では、島津公が進めてきた近代工業化の遺産の活用を進めようとしています。その他にも、横浜市の赤レンガ倉庫、小樽市の運河と倉庫、様々な企業博物館にもそのような動きがあります。

このような例に類似した地域資源の活かし方について、いくつかの例を挙げておきます。【図表-15】

図表-15　地域資源の活用例

○ 地域資源の価値を発想の転換で変える
　　別府温泉⇒ハットウオンパク
　　姫路城　⇒改修中の天守閣を見学施設にする
　　夜歩き　⇒花灯路（京都＝3月東山　2003〜、12月嵐山　2005〜）
　　　　　　⇒竹灯籠（竹田）
　　　　　　⇒外湯巡り（城崎温泉）
　　価値転換⇒急流＝キャニオニング（みなかみ町）
　　　　　　⇒地吹雪ツアー（津軽）
　　　　　　⇒強風＝風力発電＋ウィンドファーム立川（庄内町）、ウィンドーム立川での体験学習（資源循環型社会）、清川だし（三大局地風＝広戸風（津山市）、やまじ風（伊予三島）
　　環　境　⇒アートの背景＝直島（瀬戸内海）、妻有（十日町）
○ 視点を変えて再編集する
　　　　　　⇒地域の形成経緯の中で産み出されたものにスポットライトをあてる（近代化産業遺産、産業観光、生業観光）

地域資源の価値を発想の転換で活かした例として別府温泉の《ハットウオンパク》は良く知られています。有名な温泉地だからとは思わないでください。1990年代の後半、別府温泉は入込客の減少に苦しんでいました。近隣の湯布院温泉や黒川温泉がもてはやされる中、日本

を代表する大温泉地のひとつである別府温泉が疲弊していることは地元の人たちも憂慮していたのです。1996年、別府八湯の各地区代表者が会合を持ち、打開策の検討を始めました。その後、地域住民の活動として「街を歩いて宝探し」、旅館組合と医師会が連携して「温泉の健康活用法」、個人の事業でも「温泉資源を活かしたエステの事業化」などの動きが出てくるようになりました。このような動きを捉え「主役はあなた、別府温泉で元気＋綺麗に」を合言葉に展開が始まりました。

《ハットウオンパク》は、外部の力も借りながら、そのような活動を拡大しようとする動きです。2001年、ハットウオンパク実行委員会がスタートし、第1回『別府八湯産業泊覧会』を開催します。このイベントの愛称が「オンパク」で、これ以来、年1～2回は開催されています。2004年には実行委員会をNPO法人化し、事業の拡大、継続性の確保を図ります。このNPOの目的は、別府温泉における温泉を核としたウェルネス産業振興の取り組み、地域資源（温泉、自然環境、町並み、人材など）を活かした多彩なサービスの定着であり、次の3事業を核として活動しています。

ⅰ）ハットウオンパクの開催
　地域事業者、地域づくりグループとの連携により、それぞれの活動の活性化を図る。

ⅱ）「じねたび」の企画。運営・販売（集客）
　「じねたび」とは地元ネタを味わう旅、すなわち、地域の素晴らしい体験をプログラム化して、地域の人々が創り、運営する旅を企画・販売する。

ⅲ）出版、ウェブサイト運営事業
　「別府八湯温泉本」を出版し、ポータルサイト「別府ナビ」「パピプベップ」を運営する。

この組織体は、2010年に社団法人ジャパン・オンパクを設立し、全国への水平展開を考えていますが、経済産業省などの支援を受けて進めてきた面もあるので、各地のモデルケースとなっています。

　姫路城のケースは興味深いものがあります。世界遺産でもある姫路城の全面的な改修工事を進めるに際して、姫路市の観光の要である姫路城が見せられなくなることを憂慮し、姫路城をすっぽりと覆い隠して粉じん対策とすることを逆手に取り、観光客はその覆いの中に入れるようにしました。工事現場というものは、それ自体関心を引くものですが、まして、姫路城ともなれば、完成後には見られない構造部分まで見られるという利点さえ生み出します。

　来訪客に街を歩いてもらうというのは、観光消費を獲得するうえでも効果がありますが、街の魅力を観るという点では来訪者にとっても好ましいことだと思います。昼間だけではなく、日が暮れてからの散策は、街の異なる貌を見せてくれます。その点に配慮したのが、京都市が実施している花灯路です。夜の街の道すがら、灯篭で照らされた道を歩くというのはロマンチックな風情を創るものです。このスタイルを京都に先駆けて実施していたのが大分県の竹田市です。滝廉太郎が「荒城の月」を作曲する際にイメージしたとして知られる岡城（臥牛城）址を中心とする城下町ですが、城下町の面影を残す地区に竹製の灯篭を並べて、風情を滲ませています。竹田市では、春には竹筒に折り紙の雛人形を乗せて、街路を飾ります。

　城崎温泉は街歩きが楽しい温泉地として知られています。温泉街の中央に川が流れており、川の両岸沿いに気持ちの良い商店が軒を連ねています。城崎温泉では個々

の旅館が大風呂を持たず、5箇所の温浴施設がその役割を担っています。宿泊すると入浴券を手渡され、宿の下駄をつっかけて街に繰り出すことになります。川端の道を骨董屋などをひやかしながらカラコロと歩く楽しさはひとしおです。

　価値を転換させるという点では、マイナス点でしかないと思っている資源を、逆転の発想で地域資源化しようとすることも考えられています。五所川原市が《地ふぶきツアー》を実施したことはよく知られていると思いますが、みなかみ町では急流を活かして《キャニオニング》というスポーツレジャーが大きく育っています。オーストラリアの人がみなかみ町の渓流を見て、キャニオニングの適地と考え、インストラクターとして広げていったものです。

　山形県庄内町では「清川だし」と呼ばれる強風が吹く地域で風力発電とウィンドファーム立川という施設での環境体験学習を実施して観光につなげています。この地域では、強い風を「だし」（悪風）と呼んでいますが、この悪風をうまく活かした例と言えます。因みに、清川だしは、広戸風（津山市）、やまじ風（伊予三島）と並んで日本の三大局地風と呼ばれているとのことです。

　棚田は農村景観として好まれていますが、かつては、山あいで耕作地を確保できない地域、棚田でしか稲作のしようがなかった地域の貧しさの表れで、農村としては自慢できる景観ではなかったのです。最近、景観として見直されてきましたが、それをさらに活かしていこうという動きが、新潟県十日町の妻有という所で行われています。妻有では、モダンアートの作品をそういう景観の中にいろいろ置くことを始めました。トリエンナーレということで、3年に1回、アートフェスティバルを開催

しています。前回からは、旅行会社もバスツアーを組んでいますし、地域内を見て回るのに、巡回バスを運行させてもいます。

小田原市では、「なりわい（生業）ツーリズム」の計画を進めています。城下町であり、海山の幸に恵まれた土地柄である小田原市には、いろいろな種類の老舗があります。酒蔵、醤油の醸造、みそ、かまぼこ、干物などの外、細工物の職人技も残されています。このような資源を観光に活かす具体的な方法を考えるため、地域の人たちが勉強会をしながら進めているところです。

このように観光資源の素材となる地域資源は、考えてみると多様にあるということです。柔軟に発想することも大切でしょう。十分に検討してみる価値があると思いますが、例に見るように成果が出るまでに時間がかかることにも配慮してください。

観光資源とは言えませんが、観光関係で頻繁に出てくる2つの用語について、簡単な説明を加えておきます。

ひとつ目は《MICE》です。次の4つの言葉の頭文字からとった、主としてアジア地域で使われている造語です。ビジネス旅行の形態のひとつですが、集まる人が多いこと、滞在中の消費額が一般の観光旅行者と比べて多いことなどから、注目されています。

```
Meeting                =会議、研修、セミナーなど
Incentive Tour         =報奨旅行、招待旅行
Convention(Conference) =大会、学会、国際会議
Exhibition             =展示会
```

国もインバウンド政策（訪日旅行）の重要な柱としてMICE関係の獲得に努めています。

ふたつ目は《IR》です。《Integrated Resort＝統合

型リゾート》の略称です。この用語は、MICEと密接に関連しています。21世紀初頭、外国人客の低迷に悩んだシンガポールがMICE関連旅行者の獲得に向けて、リゾートタイプのMICE施設の開発計画を検討します。その計画に応募したラスベガス・サンズ社がこの統合型リゾートを提案してきました。国際会議場、展示施設などのMICE施設に加え、ホテル、レストラン、ショッピングモール、劇場、アミューズメントパーク、スポーツ施設、見学施設（水族館、博物館、美術館等）などを建設し、MICE参加者が本来の目的以外の滞在時間帯にも十分に楽しんでもらおうとするものです。MICEの主催者が、リゾートを会場に選ぶ傾向が強まってきていることを知悉した計画案です。

　シンガポール政府はその案を採用しようとして、ある問題を見つけました。カジノです。シンガポールは日本と同じように賭博行為を禁じていました。ラスベガス・サンズ社との協議ではカジノを外すように伝えたのですが、統合型リゾートにとってカジノは必須のアイテムであるという強い主張を受け入れ、2006年にカジノ管理法を成立させます。2010年には、2箇所のIRがオープンします。《マリーナ ベイ サンズ》と《リゾート ワールド セントーサ》です。因みに、セントーサ島はかつてからリゾートでしたが、現在は規模も大きくなり、ユニバーサルスタジオも進出しています。

第4部　稼げる観光施設にする

第1章　既存施設のチェック

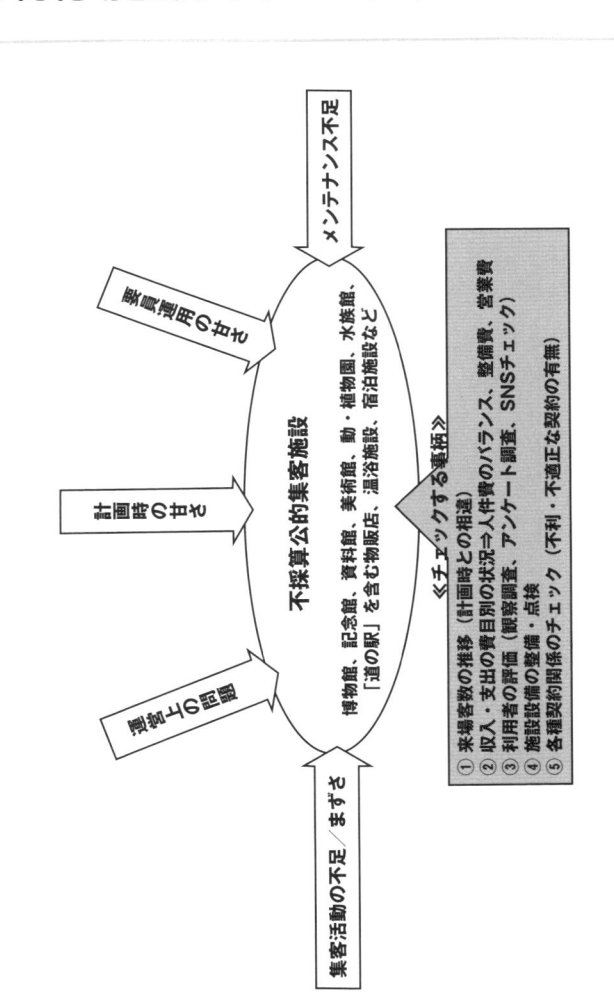

図表-16　不採算施設のチェック項目

不採算公的集客施設
博物館、記念館、資料館、美術館、動・植物園、水族館、
「道の駅」を含む物販店、温浴施設、宿泊施設など

矢印：
- メンテナンス不足
- 要員運用の甘さ
- 計画時の甘さ
- 運営上の問題
- 集客活動の不足／まずさ

《チェックする事柄》
① 来場客数の推移（計画時との相違）
② 収入・支出の評価⇒人件費のバランス、整備費、営業費
③ 利用者の評価（観察調査、アンケート調査、SNSチェック）
④ 施設設備の整備・点検
⑤ 各種契約関係のチェック（不利・不適正な契約の有無）

どの自治体でも、観光施設とは位置付けていないけれども、人を集める施設（＝集客施設）がいろいろあると思います。そういう施設で、現状は赤字の所がたくさんあると思います。私も何カ所かでそういうお話を聞かされたことがありますし、チェックをしたことがあります。ある自治体では、10箇所余りの施設のほとんどが赤字だということで「これを全部チェックしてみてくれ」と言われて、チェックをしたことがあります。その施設群をチェックした結果、不採算な公的施設の原因は多様だということが判りました。

　【図表-16】に示したように、博物館、記念館あるいは資料館、美術館、動・植物園、水族館、道の駅を含む物販店、それから温浴施設、宿泊施設などいろいろな集客施設があります。まず、考えることは「公的」集客施設ということです。客を集めて成り立つ施設です。民間の施設であれば、赤字が続くようであれば、倒産するか、閉鎖して損切りすると思います。公的な施設には、住民の福利厚生とか、教育的意義とか、他の地場産業への効果とか、様々な理由で存続させていることがあります。例としての妥当性には疑問がありますが、北海道には道営競馬があり、赤字が続いています。様々な努力を重ねていますが、累積赤字が膨らんで無視できない状況になったため、廃止が検討されました。検討した結果、存続することになりましたが、理由は北海道の大きな産業のひとつである競走馬の生産者への配慮でした。中央競馬に売れなかった競走馬を馬産地の近くで走らせ、他地域の公営競馬の関係者に見せて、買い取ってもらおうというわけです。道営競馬場は、展示場であり、商談会の場でもあったのです。そのような価値を認めての「存続」という結論です。こういう視点も集客施設をチェックす

る際には必要です。ただ、このような視点をとる場合、無条件の存続承認ではないということも付記しておく必要があります。

　観光施設（集客施設）が赤字に陥る最大の理由は「計画時の甘さ」です。自治体の行政であれ、議会であれ、このような施設計画に関わったことがあると思います。入場料収入の見込み、物販関係の販売見込み、すべての見込みは集客の見通しに係ってきます。ところが、集客見込みは、周辺人口、類似施設の実績、開発する施設の集客能力評価などから予測数値を出すのですが、誠実に算出しても、当然のことですが、予測値には幅ができます。上限値、下限値、中央値というような形です。「誠実に」ということを言いましたが、予測のために利用する変数の採り方の問題です。結果への影響が大きいのは「周辺人口」の採り方です。「周辺」の範囲を少し広げただけで、人口の大きな市の市域がかかると、その市の人口をすべて「周辺」に入れてしまう、周辺地域にある宿泊施設の宿泊者数も「周辺人口」に入れてしまう、というような操作をしているケースもあります。

　ある意味では水増しした入場者予測でも、初年度は達成してしまうことがあります。ここで、5年間の事業計画の問題になります。さすがに最近では少なくなったと思いますが、かつては、東京ディズニーランドをモデルにした2年度以降の入場者見込みをもとに集客数を決めて、5年間の事業計画を作成するところがありました。東京ディズニーランドでは、2年目にも微増ですが、入場者数が増えました。これは、初年度に予約制＋入場制限であるとか、旅行業界がツアーを募集するために使うパンフレットの制作への制限であるとか、ある意味では抑制的なマーケティング政策を採っていたのです。3年

目はさらに増加しますが、この年の夏には、新規にエレクトリカルパレードを導入しています。

ところが、通常の施設では。2年目以降の入場者数は落ちていきます。オープン景気、ご祝儀相場とでもいうものは、観光施設にもあります。むしろ、ユニバーサルスタジオジャパンの方がモデルとしては適していると思います。個人的な感覚ですが、2年目は、初年度の70～80％、3年目は前年の80～90％程度になると考える方が妥当でしょう。3年目は、初年度の65％程度になって当然というくらいの事業計画が適正であろうと考えます。まず、計画時の甘さ。計画時にどれだけ厳しくチェックしているのか。それだけの入場者数を確保するために、どういう集客努力をしようとしているのか。「人を集める」というのは、放っておけば来てくれるものではありません。人に来てもらうためには、それなりの努力をしないと集まりません。

東京ディズニーランドでの経験ですが、目標1千万人と言われたときには、とんでもなく無理な数字だと思いました。ただ、この数字は、予測ではなく、目標だと言われて納得しました。公有水面を埋め立てるときの約束だということですから、この数字を下ろすことはできません。その上、ディズニー社の考え方で、入場者に楽しんでもらうための「インパーク数」、すなわち「同時に入園している人の数」に制限があり、滞留時間も考慮すると1日の最大入場者数は5.3千人ということでした。そんな中で、集客に責任を負うマーケティング部門だけではなく、運営関連の各部門をはじめ、整備部門、チケット関係を扱う管理部門など、まさに総力を挙げて一生懸命にやってみたら、結果的に何とかなったというところです。マスメディアへの対応、旅行会社やスポンサー企

業へのセールス、周辺の県や市の県民デー・市民デーへの割引券販売、修学旅行を誘致するための冊子作りとセールスレターの送付などはマーケティング部門の活動ですが、ディズニー側の考え方が、国内の業界常識に外れているところもあって、慣れてもらうのに丸々1年かかりました。

　たった1日のことですが、大みそかのカウントダウンセレモニーは各部門の協力なしにはできなかったと思います。最近でこそ「東京ディズニーリゾートのカウントダウン」ということで、入場券を入手するために抽選になる程の人気になっていますが、初年度に計画案を提出したところ、社内の反応は「冗談じゃない。12月31日の過ごし方は定型のもので『紅白を見て、年越しそばを食って、せいぜい初詣に行く』というのが正しい過ごし方で、そんな日にオープンしても人が来るわけないだろう」というようなものでした。その当時、マーケティングの若いスタッフが言うには、大みそかといっても、六本木界隈には若い人たちが、行き場がなくて所在無げにウロウロしてるということで、やってみる価値があると判断して、マーケティング部内はもちろんですが、上層部や他部門、特に運営の各部門を説得して回りました。準備段階から大変でした。パークをオープンするためには多くのスタッフ、キャスト（ディズニーの呼び方ですが、パークの中で働いてもらうスタッフ）を集めるのは無理なお願いだと思いました。その当時、いろいろなパーク関係者に「12月31日はどうしてますか？」と聞いてみました。どこも休みです。その理由が、その日は働いてもらえる人が来ないから、オープンできないんだということです。1箇所だけオープンしていたのは富士急ハイランドのアイススケートリンクです。ここは、オープ

ンしていても、それほど多くのスタッフを必要としないし、ホテルもあるからということでした。

　最終的には、社長の一言で実施できることになったのですが、社内的には１万人も集まれば上出来だろうと言われました。１年目は約３万５千人集まりました。人数面では大成功でしたが、駐車場が足りなくなり、そちらの面で非常に怒られました。年が明けてからは、協力してくれた各部門に協力の御礼を兼ねた挨拶回りの日々でした。その後、カウントダウンは定着して、現在では、10万人以上が入場可能ですが、かなりな倍率で抽選になるそうです。

　兎に角、いろいろ努力をしないと人を集めることはできません。計画時の甘さの中にはそういうところもあります。どのように集客活動を進めるか、活動計画ができているか、活動計画を推進できる組織はあるか、ということもチェックしておく必要があります。もうひとつ、運営上の問題、要員運用の問題です。施設の繁閑とスタッフの配置が適切になされていないと、経費面に無駄が出るか、サービスが行き届かないという問題が起こります。このようなことは、時々、時間帯や曜日を変えて、一般客に交じって施設を訪問することで判断できると思います。

　意外と大きいのが、図表-16の向かって右の端にある《メンテナンスの不足》です。建設されてから、その後のメンテナンスが行き届かないケースです。温浴施設などで目に付きますが、見学施設では、先述の追加投資がなされないケースです。いつ行っても代わり映えがしなくて、２回目、３回目行ってみる気がしないというようなことが起こります。運営などのソフト面で新鮮味を出そうとしても、そのために必要なハード面に手を加える

予算が取れないというケースも少なくありません。例えば、武雄では図書館を民間に運営委託しました。運営面が大幅に変わり、人気になっていますが、そのためには、施設にも手を加えなければなりません。その経費も含めた条件で委託したと聞いています。そういうようなことも考えた上で、公的な施設の民間委託、指定管理者の選定を考えて良い時期にきていると思います。

　チェックする事項については【図表-16】の下段にまとめてみました。集客施設ということで、まず来場者数の推移は必須事項です。少なくとも、毎日の入場者数は記録しておく必要があります。その数字をベースに、週ごとの入場者数を出してみてください。1年間で52週です。月ごとでは週末の回数が違うことがありますので、大雑把なつかみでは問題ありませんが、経営、運営に関わる人でしたら、週ごとの把握を勧めます。あとは特別な期間、年末・年始、春休み、GW、夏休み、秋のシルバーウィークなどですが、これは施設のタイプ、ターゲットにしている客層、立地している場所などによって、見るか見ないか、期間の採り方などを決める必要があります。

　把握した数字は、初年度でしたら計画値との相違、2年度目以降は前年比を比較対象にします。また、年間に数回（季節ごと＋夏休み）は入場者を対象としたアンケート調査を実施して、年齢層、同行者、居住地、施設を認知したメディアなどを把握することもポイントになります。なかには、常時、満足度を中心としたアンケート用紙を置いてある施設があります。ところが、回収率が低く、ほとんど役に立っていないことを多く見かけます。調査期間を決めて、その期間だけはできるだけ多くの人に回答してもらう努力をしてほしいものです。その結果

は、施設の改修、メンテナンス、運営上の問題点、展示方法なども含めたサービスの改善、要員の運用など、広範に利用できます。

　利用者の満足度を調査する際に留意することをひとつだけ挙げておきます。アンケート結果を見る際、大抵のところでは５段階評価です。「満足した」「やや満足」「どちらともいえない」「あまり満足しなかった」「不満だ」というような評価です。この５段階評価で「満足した」と「やや満足した」を合算して、「『満足』がこれだけあります、大変高い評価をいただいています」というようなレポートがあります。とんでもないことです。アンケートで「やや満足した」と回答した人は『どこかに不満がある』という見方をしてください。不満足な点があったから『やや』なのです。本当に満足している人は『満足した』と答えてくれます。日本人はあまりはっきりとした回答をしない傾向があるから『やや満足した』が多くなると言うかもしれませんが、どこかに不満な点を見つけています。「ここを直したほうが良いと思うところがありますか？」というようなことを聞くと、『やや満足した』と答えた人でも、いろいろなことを書いてきます。『満足した』人はあまり書いてきません。『やや満足』というのは、どこかに不満があるということだと理解してください。そういう読み方をするのがアンケートを活用する方法です。

　利用者の評価で、現在は《ＳＮＳ》の関係をチェックすることも忘れないでください。施設に関係するブログが出ていないか、Twitter に何か言われていないかをチェックしていきます。必ずしも施設のホームページなどに書いてくれるわけではありません。いろいろな所を見ていくという必要があると思います。これは、今の時

代非常に重要なポイントになってくると思います。口コミとして拡散する大きなベースになりますから、そういうようなものをチェックするという必要があります。とても手間がかかってできない場合には、専門的にチェックしている会社もありますから、委託することも考えられます。

　収入と支出の項目別の状況も重要です。人件費のバランス、整備費、営業活動費、物販収入と仕入れ経費、テナント料など、無駄がないか、足りない分野はどうかといったことをチェックします。このことは当然のように行われていると思います。

　施設、設備などの点検も重要です。恐らく、大きな設備、安全性に関わる施設・設備には点検のマニュアルがあると思いますが、外壁や目につく屋内外の設備・備品についても点検する周期、点検するべき個所を定めておくと良いと思います。

　最後のひとつ、5番目にありますが、これは非常に大事なことです。施設にはいろいろな契約があると思います。例えば、施設の中でレストランをやってもらっていて、民間の会社がテナントとして入っているというケースで、この契約が厳正に行われていないということがあります。例えば。賃貸料であるとか、備品などの調達条件などです。どういう理由かわかりませんが、意外と甘い契約の場合がありますから、きちんとチェックする必要があると思います。始めてから長期間経っている施設になると、「はっきりとはしないけれども、随分前の町長さんが…」とかという話になって、しがらみが絡んでやりにくくなるかもしれません。けれども、不利な条件を抱え込まされている施設にとっては大きな迷惑です。その辺はきちんと見ていく必要があります。

以上の5項目をチェックするだけでも、観光施設の存続を決するような事柄がわかると思います。

●これからの観光政策と自治体 ～「稼げる地域資源」と「観光財源の集め方」～

観光施設の成功事例

　観光施設について、よくやっていると思われる事例を挙げておきます。

　最初は、良く知られていますが、旭川市の旭山動物園です。まず、【図表-17】をざっと見ると、2000年頃から増える兆しが見えはじめ、2003年から07年にかけてピークを迎えていることが判ります。しかし、2008年から伸び悩んでいることも見て取れます。

図表-17　旭山動物園の入場者数の推移

年度	来場者数（千人）	特記事項
1983	597	大型遊具導入（ジェットコースターほか）
84	551	
85	536	
86	509	
87	460	
88	486	ファンタジーエキスプレス、飛行塔（更新）
89	452	
90	435	
91	461	
92	359	
93	394	
94	285	途中閉演（エキノコックス）
95	283	
96	261	
97	306	こども牧場、ととりの村、観覧車＆Jポート（更新）
98	352	せせらぎ、もうじゅう館
99	422	さる山、メリーゴーランド（更新）
2000	540	ぺんぎん館
01	576	オランウータン舎
02	670	ほっきょくぐま館
03	824	
04	1,449	あざらし館、おらんうーたん館
05	2,068	くもざる・かぴばら館
06	3,041	第2こども牧場、チンパンジーの森
07	3,072	テナガザル舎、レッサーパンダの吊り橋
08	2,769	オオカミの森
09	2,463	エゾシカの森、ホッキョクギツネ舎、てながざる館
10	2,062	もうきん舎
11	1,724	タンチョウ舎、両生類・は虫類舎
12	1,626	北海道産動物舎

※無料入館者を含む（中学生以下の子供、70歳以上の高齢者は無料）
※1999年から冬期も開園（98年までは夏期のみ開園）

旭山動物園の入場者数を遡って見てみると、1990年代はかなりひどい状況です。旭川市という立地環境もあって、この頃は夏場しかオープンしていません。冬期も開場するようになったのは1999年からです。オープン初年度（1967年）の入場者数は46万人ですが、徐々に減ってきたことから、大型遊具を導入して盛り返したのが【図表-17】にある最初の年、1983年です。この年は約60万人でしたが、少しずつ効果が薄れ、遊具の更新などの手を打っても回復傾向は見られず、1994年にはエキノコックスという動物の病気が流行って、30万人を割り込んでしまいました。

図表-18　成功事例（1）　旭山動物園

≪旭川市立　旭山動物園≫
1967年	開園　年間来場人者数約46万（冬期は閉園）
1983年	大型遊具を導入して来場者数60万人を確保も、その後漸減
1994年	エキノコックスの発生により一次閉園（来場者数30万人弱）
1997～2002年	展示動物が最も輝く瞬間を見せる工夫を始める
	1999年から冬期も開園し、2002年に来場者数67万人
2003～2007年	様々な工夫が話題となり、2006年には来場数300万人を達成
2008～2013年	2007年の307万人をピークとして漸減、2012年には162.5万人にまで減少
2014年	カバ園のプールを下から見られるように改造し、「空飛ぶカバ」が話題を呼ぶ

　この頃から考え方を変えて、兎に角、動物が最も魅力的に見えるところを見せようとしはじめます。飼育員の方々がみんなで見せ方を考えはじめました。施設改善といっても、これまでのように新しいものを、全く新しい施設を何か入れようということよりも、このポイントだけは何とかしようということで、このように作り替えれば動物たちの魅力的な姿、動きを見せられるのではないかということでいろいろやってみたところ、これが評判

になります。ペンギン、オランウータン、北極熊と人気者が出てきました。入場者数も増え続け、2004年には100万人を越えて約145万人、2006〜07年には300万人を越えました。その後も、次々と新しい試みを行っていますが、ヒット商品は続かず、2012年には約160万人にまで減ってしまいました。

　最近、カバの空中遊泳を打ち出しました。久々の会心のヒット作になりそうです。「カバが空を飛ぶ」なんて有り得ないことですが、強化プラスチックの強度が高まり、大きな水槽がつくれるようになりました。この水槽を下から見られるようにして、その水槽をカバが泳ぎます。下から見上げますから「カバが空を飛んでいる」ように見えるということです。

　旭川動物園は、ピークになったからといって、次の手を打たなかったわけではありません。チンパンジー、クモザル、カピバラなど、努力を重ねていましたが、低減傾向を止められなかったのです。もし、手を打っていなければ、もっとひどい状況になっていたと考えますし、「空飛ぶカバ」も出てこなかったと思います。

　もうひとつの事例は鶴岡市の加茂水族館です。最近、NHKが採り上げていたので、お聞きになったことがあるかもしれません。加茂水族館はクラゲの水族館として有名です。ただ、クラゲの水族館ができたのは偶然だということです。企画展で展示したサンゴからクラゲが発生して、そのクラゲを増やして展示したら人気が出てきました。その後、種類が増えてきて、今や世界ナンバーワンのクラゲの水族館ということです。

　運も味方しました。この水族館にオワンクラゲがいました。2008年、下村脩博士がノーベル化学賞を受賞しましたが、受賞の対象となった「緑色蛍光たんぱく質」

図表-19　成功事例（2）　加茂水族館

≪鶴岡市立　加茂水族館≫
1964年　市立水族館として開設
1967年　年間来場者21万人を達成し、第三セクターの（株）庄内開発公社に売却⇒同公社の収益源になることを期待
1968年以降、1979年、82年の大改装による下げ止まりはあるも漸減傾向が続き、90年代には10万人を割り込んで閉館も検討
1997年　企画展のため持ち込まれたサンゴの水槽にクラゲが発生
2000年　展示したクラゲが好評を得てクラゲ館「クラネタリウム」開設
2012年　クラゲ展示数30種類でギネスブックが世界一と認定
　　　　年間来場者数27万人
2014年　新加茂水族館としてリニューアルオープン（総事業費30億円）
　　　　事業費の一部（3億円）は「住民参加型市場公募債」でまかなう

がオワンクラゲ由来であったことから、展示していた加茂水族館が注目され、2010年には下村博士を1日館長に招請し、勤めてもらいました。また、2012年には水槽内に発生したクラゲが、北半球では初採取された珍種で、当館の副館長が和名を「ハッポウヤワラクラゲ」と命名して話題になりました。2012年には展示しているクラゲの種類が世界一であると認定され、ギネスブックに掲載されています。2013年には27万人が入館者しました。

　昨年、全面改修のため一時閉館しました。リニューアルの総事業費は30億円だそうですが、うち3億円を住民参加型の市場公募債を使って集めたということです。この3億円の公募が、開始してから20分で全部埋まったということです。市民に人気があるというのは、こういう施設にとって非常に大事なことです。

　このふたつ、とても小さな事例です。例えば、加茂水族館は初年度に約20万人が入館しています。その後、徐々に落ちてきて、一時は閉館も検討されながら、経営主体が鶴岡市に変わったり、また三セクに戻したりとい

うようなことをしています。立ち直りの経緯は前述しましたが、2014年にはリニューアルオープンしました。リニューアル前は27万人の入館者がありました。ここもそういう意味では、非常にがんばっている水族館です。一見、成功しているように見えても、結構山あり、谷ありで、常に努力をしてないと駄目になるということを理解してください。努力してうまくいったからといって、そのままにしておいて良いというものではありません。ずっと続けていかないと成功には結びつかないということを考えていただきたいと思います。この事例からは、そういうところを見ていただきたいということです。自治体の方々は成功事例を知りたいと言いますが、外から見えるものだけでなく、成功に結び付けた事柄の本質を知ってほしいと思います

第3章 稼げる施設にするために

観光施設を稼げる施設にするためにということで、少しチェックポイントを整理してみます。

図表-20　稼げる施設へのチェックポイント

【分野】	ハード面の改善	ソフト面の改善	情報発信
【チェックポイント】	① 施設の整備、設備の更新 ② 新たな施設設備への追加投資 ③ アクセス／UD面の改善	① 見せ方の工夫／演出 ② 「ひと」による説明／案内 ③ 「もてなし」のあり方	① 伝えることの整理（5W1H） ② 広報活動 ③ インターネット／SNSの活用 ④ 自治体が参加する展示会等の活用
【実施すべき事項】	① 施設・設備の定期点検の実施間隔、実施事項を定めたマニュアルづくりと着実な実行 ② 新たな魅力向上に向けた不断の検討と開発 ③ ユニバーサルデザインの徹底 来訪の容易性確保	① 展示物が魅力を発揮する見せ方の工夫／演出 ② 説明／案内できる人の確保と育成 ③ それぞれの施設の特徴を出す「もてなし」を表現できる所作、言葉遣いの検討と実行	① 誰に、何を、いつ、どのように伝えるかを考えて情報発信する ② マスメディアに取り上げられるような活動展開（TV、新聞、ラジオ、雑誌） ③ 個々のIT特性を利用した情報発信 ④ SPイベントへの参加は費用効果を検討

まずひとつ、ハード面の改善という意味でのチェックポイントは施設の整備とか設備・備品の更新です。新たな施設・設備への追加投資、アクセスとかユニバーサルデザイン面での改善というようなことがあります。まず施設の整備については、施設・設備の定期点検の実施間隔とか実施事項を定めたマニュアルを作る。おおよそこのぐらいの期間では必ず点検する、オープンしているからには定期的に点検をする必要があります。その点検の期間は１週間なり、１ヵ月なり、半年なり、決めておく必要があるということです。飛行機などはそうしておかないと危険ですから、確実に、詳細に決めていますけれども、一般的な施設でも、良いサービスを提供するためには必要だということです。

　もうひとつは、前述のように、新たな魅力向上に向けた不断の検討と開発ということです。いつでも考えていないと陳腐化するということです。

　３番目はユニバーサルデザインの徹底です。これは来訪の容易性を確保しておこうということです。必ずしもユニバーサルデザインにしたからその恩恵を受ける人の来場が増えるということだけではなく、施設としてのウリのひとつです。どのような方に対しても受け入れ準備ができているというアピールになります。この点について、ディズニーの考え方は興味深いものがあります。オープンの頃のことですが、障碍者団体の方からクレームがありました。「どこの施設でも障碍者割引をしているが、なぜ割引がないのか。失礼じゃないか。」と言われました。東京ディズニーランドでは、障碍者割引がない理由を「どのような障碍を持った方でも他の方と同じように楽しんでいただけるようにしています。ですから割引はありません。」と説明していました。貸し出し用の車いすを準

備しているとか、必要があれば案内するスタッフを同行させるということです。そういう面では、言うだけのことはしていたと考えます。普通でしたら障碍者割引は当然のことだと思われていますが、そうではない考え方もあるということです。

　もうひとつはソフト面です。ソフト面というのはとても大切なポイントで、見せ方の工夫、演出とか人による説明、案内です。まずは、展示物が魅力を発揮する見せ方の工夫、演出、先述の旭山動物園の事例です。要するにどうしたら動物たちの魅力的な所作、動作を見せられるかということで考えたのです。そういうことを考えるということが非常に大事だということです。２番目に挙げた、人による説明、案内というのは、説明とか案内できる人の確保・育成がポイントになります。江戸東京博物館が良い事例になると思います。最近、説明をしてくれる人が良くなりました。博物館には学芸員（美術館であればキュレーター）が居るはずです。そういう学芸員の方が時間を取って、１日１回でも２回でも良いですから、説明する時間を作ると良いと思います。「この時間にきてくれれば、きちんと案内を付けてご説明します。」というアピールをすれば良いのです。いつでもやっている必要はありません。当然、学芸員の方々は他の仕事があるわけですから、一定の時間だけ割いてもらえればよいと思います。恐らく、各地にある民俗資料館も楽しく見て回れます。興味を引くようなものが展示されていますし、その地域のことを良く知ってもらうチャンスが生まれると思います。

　サービス面のことになると必ず出てくる言葉が「おもてなし」です。しかし、『「もてなし」のあり方』については十分に考えたいものです。「おもてなし」というのは、

例の「お・も・て・な・し」以来、もてはやされていますけれども、どこでも同じスタイルというのは大きな間違いだと思います。それぞれの施設の性格によって声の掛け方や挨拶の仕方は違って当たり前です。気軽に声を掛けるという、「やあ、いらっしゃい」みたいな言い方もあるし、丁寧に「いらっしゃいませ」というのもあるでしょう。暖簾をかき分けてすし屋に入ったところで「いらっしゃいませ」と丁寧にお辞儀をされても困ります。すし屋だったら「へい、らっしゃい」という威勢の良い掛け声が心地よいと思います。声の掛け方でもそうですし、お辞儀の仕方でも同様のことが言えます。最近では、接遇訓練というと、どこでも同じ形を教えています。流派があるのかもしれませんが、そのような教え方は、必ずしも正しいことではないと思います。それぞれの施設で考えることが必要だと思います。施設の性格が違えば、当然、声のかけ方、迎える姿勢などは違います。それぞれの施設で「私たちはこういうスタイルでいこう」ということを考えてほしいと思います。それを考えることで「おもてなし」というのは何か、ということがきちんとスタッフ全員に伝わるはずです。スタッフの方々と一緒に考えることです。

　集客のためだけではなく、施設のことを良く知ってもらうためにも、情報発信は大切です。情報発信は、今やいろいろな形でできます。兎に角、インターネットが普及してから大きく環境が変わってきました。インターネットというとＨＰ（ホームページ）と考えていては時代遅れになってしまいます。個人が情報を発信するＳＮＳ（フェイスブック、ブログ、ツィッターなど）を活用することも大切ですし、情報提供型サイトの活用も検討する必要があります。個々のＩＴ特性を十分に注意して

使うことを忘れないでください。例えば、ＨＰを出すにしても、ＨＰにアクセスしてもらえるか、見てもらえるかがポイントです。これは検索の容易性の問題です。見る側は、何らかのキーワードで検索します。検索するためにキーワードをひとつ入力すると、すごい数の項目がヒット（キーワードに関連する項目が画面に現れる）します。多数の項目の中で、どの辺の位置に来られるかというようなことを、考えてやっていく必要があります。それぞれのサイトによって違うようですが、このキーワードを使えば、上の方に掲示されるということを考えて進めていくことです。この世界は日進月歩ですから、詳しい方と相談しながら進めていくべきだと思います。情報発信の、より基本的なこととして「伝えること」を整理してください。「何を伝えたい」のか、「誰に伝えたい」のか、「いつ伝えたい」のか、どのように伝えたいのか」ということです。これらのことを整理して考えてほしいのです。

　以前、東京湾でクルーズを運航している会社の広報担当の方から聞いたことですが、本当はクリスマスとかお正月とかのクルーズをＰＲしたいので、新聞や雑誌に仕掛けても、どうもクルーズというと夏のものという固定観念があって、タイミングよく取り上げてもらうまでに時間がかかったとのことでした。それをカバーすためには、何らかの形で宣伝という方法になります。マスメディアを使うのは経費がかかりすぎるとなると、ホームページで出すというような形になる、あるいはファンクラブのようなものを通じて出していって、Twitterなどで広げてもらう。拡散希望とかいってやっていく、そういうようなやり方になるだろうというように思います。

　施設のアピールということでは、自治体がいろいろな

展示会や物産展などに参加すると思います。そのタイミングを計ってうまく使っていくことも必要です。要するに、観光施設の集客活動の手法というのは、情報発信というのが、ほとんど唯一の手段です。その上、そのために大きな予算は取れません。新聞やら何やらに広告を出すとか、そういうことはあまりできないと思います。できるだけ広報活動とか、ネットをうまく使うというようなことで進めていかれたら良いでしょう。ただ、その時に、伝える情報とか内容はきちんと整理をしておくことをお勧めします。

第5部　観光振興に向けて
～ 観光予算と観光客誘致組織のあり方 ～

第1節　観光予算のあり方

　市町村が基本計画の柱として観光振興を取り上げている例が多いにもかかわらず、予算面で見ますと、観光関係の予算はとても少ないのが実状です。国も同様で、国の観光予算、観光庁の予算は確か200億円程度です。200億円というと、額としては大きく見えますが、国の予算総額に比べると、0.1％にもなりません。2010年の各県の観光予算について聞いたことがありますが、全国平均で0.097％でした。予算総額比が0.1％を超えたのは15県で、最も高い比率だった県でも0.35％程度です。観光担当課の予算規模は観光に対する考え方で決まりますが、観光客誘致に熱心な自治体、従来からの観光資源があり、来訪客が多い自治体は予算額が多いと言えるようです。もっとも、自治体の多くは、観光予算には施設開発関係経費を含んでいません。これが、自治体における観光振興事業の位置付けとも考えられます。

　【図表-19】は、2009年度のある自治体の観光予算です。ここで見てほしいのは、観光担当課の予算の構成ですが、実は、この自治体は、予算の使いみちが比較的上手だという感想を持っています。

　そのような自治体でさえ、純粋な振興事業費は、広告宣伝費（10.4％）、宿泊客誘致事業費（1.5％）、体験型修

旅誘致支援事業費（8.8％）だけで、合計で20.7％です。大きな比率を占めているのは、観光施設特別会計繰出金の45.3％、観光団体補助金の25.5％です。観光施設特別会計補助金というのは自治体が関わっている観光施設の赤字分の一部を負担しているのです。このような施設は、言わせていただければ、見直しの対象ですね。観光団体補助金は、観光協会へのイベント運営の委託費と観光案内所の運営費と考えられます。この2項目と、イベント振興、イベント助成の事業費を合算すると77.4％を占めています。観光客を呼ぶための直接的な活動は少なく、間接的な事業費が大半を占めているのです。

　この自治体の事業が評価できるのは、細かいことなのです。ラジオの帯番組、料理番組を使う、スポーツ新聞を広告・広報のバーターで利用する、空港のイメージ掲示をやめてイベント告知にする、地域の伝統工芸品の小物をSPグッズとして使う、パンフレットの種類をしぼりこむなど、きめ細かく実施しています。残念に思うのは、雑誌記者招待、スポーツ大会への観光客誘致対策などの事業費が削られてしまったことです。この予算原案を見た時、この自治体の観光担当課は「良く判っているな」と感じたものです。

　後刻お聞きしたところ、観光課長が、市が運営しているホテルへ出向して、支配人をやっていたということでした。要するに、集客ということを良く理解していたのです。だからこそ、このような予算案が組めたのでしょうし、実効性のある事業とは何か、ということを良く知っていたのでしょう。

　観光予算を考える上でのポイントがあります。前述したように、多いとは言えない予算をどのように活用するかということです。

●これからの観光政策と自治体 ～「稼ぐ地域資源」と「観光財源の集め方」～

図表-21 A自治体観光担当課の予算（例）

	事　業　名	配分比率	事業内容／備考
1	広告宣伝費	10.4	
	①テレビ広告	0.4	・前年度実施していた「旅番組制作」事業がカットされ大幅減額
	②ラジオ・新聞・雑誌等広告	3.0	・ラジオの帯番組　・イベント告知
	③電照看板・ポスター等広告	0.6	・空港、駅の定着看板を廃止　・イベント告知ポスター掲出
	④宣伝・SPグッズ	0.5	・地域の伝統工芸の小物をSPグッズに活用
	⑤観光パンフレット	0.5	・複数種あったものを整理して大幅に減額
	⑥観光案内所業務委託	4.0	・主要地点の観光案内所を観光協会に業務委託
	⑦事業旅費・事務費	1.2	・県への負担金を含む
	⑧FC事業	0.2	・地域の観光資源再発掘事業
2	宿泊客誘致事業費	1.5	・宿泊補助事業　・PRチラシ／表示板
3	伝統イベント振興費	4.2	・運営補助　・会場整備／清掃費など
4	観光イベント助成費	2.4	・イベント運営補助
5	観光回団体補助金	25.5	・イベント実施団体への支援
6	観光施設特別会計繰出金	45.3	
7	観光事務費	1.9	
8	体験型修学旅誘致支援事業	8.8	・誘致活動旅費／雑誌広告費／SPグッズなど
	合　　計	100.0	
★ カットされた事業			
	①観光キャンペーン費	1.1	・雑誌記者招待　・PRイベント参加　・モニターツアー
	②観光客おもてなし推進事業費	3.0	・おもてなし人材育成事業の委託費など
	③サイン整備事業費	1.1	・サイン整備事業の委託費
	④スポーツ大会観光客対策費	0.9	・ホームページ更新　・選手ツアー／観客ツアーの企画

※カットされた事業の配分比率は「決定した予算額合計」に対する比率である。

82

ひとつ目は、観光振興というのは、地場の輸出産業の振興だということです。地場の輸出産業振興ということであれば、もう少し予算を付けても良いのではないでしょうか。ふたつ目は、前述の自治体Ａの予算案にあるように、50％近くを公的な観光施設の赤字補てんに使われていることです。この２点を見直すだけでも、観光振興事業は大きく変化すると考えます。ですから、一つひとつの施設のチェックを進め、大丈夫そうな施設には改善策を施すこと、手を打っても無駄なものは廃止する、赤字ではあっても自治体として残すべきものは、その理由を明らかにして、赤字部分を観光予算とは別に補てんするということで整理することです。そのような施設にしても、赤字のままにしておくのはよくありません。赤字の原因となっている事項を明確にして、その部分以外では黒字または収支トントンにまで持っていく努力をする必要があります。赤字のままでは、その施設のスタッフの意気込みを削いでしまいかねません。

　さらに、観光振興事業が集客事業だということを考えてください。このことは行政の他の事業とは異なる考え方をしなければならないということです。集客するために、施設の開発、運営、整備、追加投資、集客活動（営業活動）を検討しなければならないのです。行政の業務の中では異色ですね。集客活動というのは、かなり専門性が高くなります。自治体Ａの事例の際にも述べましたが、一般的に、行政の人事は、基本として２～３年で異動します。そのような環境では、専門性は育ちません。理解はできると思いますが、技術的な細部については思いつかないだろうと考えます。

　現在は合併して南丹市の一部になっていますが、京都府の美山町というところでは、観光課の担当者は庁内で

公募していました。希望者を募って、面接をして、配属されることになりますが、最低でも10年は観光課に留まることになっていました。継続的に努めるべき業務であるということを理解していたのです。合併した現在でも、美山町観光協会は独立していて、南丹市の観光協会よりも活発に活動しているようです。

　観光振興組織については別項で後述しますが、専門性が求められますから、行政から分離して観光協会を設立した筈です。ところが、観光関係の地域コンサルタントの間では、観光協会が専門的な力を発揮できるような組織になっていないことが問題にされています。物産関係の販売組織と合併させてセンター化するとか、もっと短気な人は「観光協会なんか放っておいて、別の組織にすれば良い。例えば、株式会社化、NPO法人化したらどうか。」という方もいます。その流れの中で、第三種旅行業という考えが出てきて、旅行業法の改正にもなっています。第三種旅行業というのは、地域内で、その地域の旅行商品を企画・販売する、外に向けて販売する旅行会社です。外国に向けて日本のツアーを販売する旅行会社をインバウンド業者と言いますが、まさに、国内版のインバウンド業者です。要するに、観光協会に求められる業務はそういうことなのです。観光協会には、そういうことが実行できる組織になってほしいのです。観光振興事業の実行組織が観光協会のあるべき形です。現実は、観光案内所のような様子で、行政から天下ってきた人が専務理事を務めていて、行政からイベントの運営を受託する、パンフレットやポスターの制作を受託する、観光案内所を運営するといったことが業務になっている例が多く見受けられます。観光がある程度力のある地域、もともと観光地というような所であれば、職員数も多く、

専門的な知識を持っている人がいるケースもあります。

　そうは言っても、一般的には、専門性のある人を確保するための予算は付けてもらえません。地場の輸出産業の振興なのだということで、予算を確保していくということが必要なのだろうと思いますが、なかなかうまくは運ばないと思います。そこで、観光関連で自力財源を見つける必要がでてきます。観光協会を専門性を有した集団とするには、人件費が大きくなります。人件費というと、場所にもよりますけれども、年に数百万円以上は掛かると思いますから、それだけの人件費を捻出しなければいけないのです。あるいは、人件費を確保するだけの収益事業を持っている必要があります。その収益事業が第三種旅行業という考え方はあります。第三種旅行業の事業そのものは実施すべきことなのですが、収益性には大きな期待はできません。事業モデルが確立できていないからです。

　そこで、観光絡みでお金を集める手法を、まとめてみました。【下図参照】

【　参考：いくつかの財源確保方法　】
ⅰ）来訪客から頂戴する
　　⇒宿泊税、通行（入域）税
ⅱ）無料が当然と思われていることを有料にする
　　⇒入山料、海水浴場の入場料、公園の入園料、
　　　キャンプサイトの利用料
ⅲ）自治体予算から支出する際の大義名分を明確
　　に説明する
　　⇒経済効果
　　⇒ブランド効果
　　⇒地場輸出産業の振興

ひとつは、来訪客から頂戴します。東京都は既に実施していますが、宿泊料が１万円以上の宿泊施設は宿泊客１人あたり100円頂戴するという方法です。東京都の宿泊客数は多いですから大きな金額になりますが、宿泊税という形です。それともうひとつは通行税です。これもやりにくいところもありますが、富士山が試験的に徴収し始めました。この夏に実施した仕組みでは、１人あたり1,000円ということですが、課題が残っているようです。宿泊税、通行料とも、実施しようとすると、入込客の減少を心配して、必ず、反対が出ます。そのような反対は、富士山では問題にならないでしょう。環境保全から考えると、入山客をある程度減らすという意味もあります。もうひとつの例は北海道の奥尻島です。かつて、震災と津波で大きな被害を受けた島ですからご存知かもしれません。小さな離島ですから、船しか交通手段がないので、船賃に上乗せする形で徴収する予定です。

　いずれの方法にしても、実施に際して留意すべき点は徴収方法です。徴収経費が必要になると、あまり意味がありません。例えば、通行料を徴収しようとして、橋にゲートを設置して、徴収する人を置いてとなると、徴収する人の人件費のほうが大きくなってしまいかねませんから、そういう点に気を付けるということです。

　それから、無料が当然だと思われていることを有料にする方法があります。先述の入山料もそのひとつです。海水浴場も入場料を取っても良いと思います。そのためには、入り口をいくつかに制限して入場料をとるか、または、センター施設を建てて、そこで徴収することも可能です。センター施設は、クラブハウスをイメージすればよいと思います。あるいは、海の家などがありますから、そういう所でお金を集めてもらうという手もあるか

もしれません。それと同時に、ビーチパラソルなども準備しておいて貸し出すこともできるでしょう。

　公園も入場料の対象になると思います。意外と無料の施設があります。庭園などで有料にしている施設もありますが、一般的に料金は低廉です。例えば、上野公園です。入園時に500円程度で良いと思いますが、取ったらいいと思います。入り口は2～3ヵ所しかありませんから、入園する人から徴収できると思います。もちろん、園内の各施設のスタッフや東京芸術大学の職員・学生には通行パスを発行すればよいでしょう。大学は公園の区域から外しても良いかもしれません。倉敷市にチボリパークがありました。このチボリパークの原型は、コペンハーゲンの都市公園です。市庁舎と中央駅の間にあるという好立地で、園内に様々な施設があります。市民に人気のある公園で、外国人旅行者も良く訪問しています。この公園を快適な空間として整備しておくためには入場料が必要だということで、有料（1,500～2,000円）になっています。「素晴らしい、快適な空間ではあるけれども有料の都市公園」、それがチボリパークの本質です。園内のホールへ入るにしろ、美術館や博物館に入るのは、すべて別料金です。上野公園でも、動物園や博物館・美術館は別料金にすれば良いでしょう。このあたりは折衷案があるかもしれませんが、入園料は徴収する。花見の時期、あれだけの来園者があるのですから、1人500円でもかなりの収益が出ると思います。

　キャンプサイトだとか、場合によってはスキー場なども有料化は考えられます。キャンプサイトは有料の場所が多いのですが、河川敷などは勝手に入り込んできて、ゴミだけ置いて帰るキャンパーが少なくないということを良く聞きます。環境面から見ても無視できないことで

すから、そのような場所は完全に禁止にするか、有料にするべきでしょう。スキー場の場合、ゲレンデを使うのはフリーで、リフトを有料にしていますが、スノーボードの人が増えて、スノーボーダーはリフトを使用する回数が少ないのです。ゲレンデでゆっくりゆっくり遊んでいるのです。あまりリフトの使用料が取れないのです。最近ではスノーパークという形で、ゲレンデだけではなく、平たんな場所も含めて楽しめるようにする工夫をすることで有料にするという考え方もでてきています。

　最後に、自治体予算から支出する際の大義名分ということで、先述のように、地場の輸出産業の振興のほか、経済効果、ブランド効果も考えられるので、観光分野への予算配分を検討しても良いのではないかと思います。ブランド効果では、東京ディズニーランドの例は典型的なものでしょう。浦安市のブランドは高くなりました。人口も増えました、地価も上がりました。オープンの直前の1982年のことですが、郵送物が「浦和市東京ディズニーランド」で届きました。東京ディズニーランドは認知が進んでいましたが、浦安市は知らなかったのでしょう。関東で「浦」が付く市は「浦和」ということだったのではないかと思います。当時、さいたま市になっていなかったので、埼玉県の県庁所在地である「浦和市」で郵送したのだろうと思います。観光地として有名になると、ブランド効果が上がります。

　ただし、ブランド効果を求めるためには、良い観光地を創らないといけません。要するに、来訪者が満足して帰らないと、マイナスのブランド効果になってしまいます。

第2章 観光振興事業を推進する組織

《組織の機能》

　観光振興事業を推進するには、複数の組織が連携して対応することが必要です。観光には、民間の様々な産業の事業者や市民の活動グループも関わってくるので、それらが、緊密に連携して活動することが求められます。官と民、民と民、行政と事業者と地域住民など、様々な連携を創出するための組織が必要です。

　一方、観光振興の要である来訪客誘致活動は、商品開発から販売促進までを包含する企業活動であり、継続的な活動が求められます。したがって、必要とされる組織は、会議体や連合体ではなく、継続性のある活動組織体が望まれます。この組織には、以下の機能を果たすことが期待されています。

図表-22　観光振興事業の推進組織が果たすべき機能

ⅰ）地域内の観光事業者との連携、協力体制の構築により、観光事業を効率的に実施する機能。
ⅱ）地域内外の観光関連情報を収集・加工し、提供する機能。収集する情報は、すべての観光に関連する地域資源の情報であり、情報の提供先は一般消費者、マスメディア、地域内の観光関連事業者、地域外の旅行会社および旅客輸送会社などである。
ⅲ）情報発信ツールの制作機能。ホームページ、ポスター、パンフレット、ガイドマップ、情報誌・紙などを制作・管理する。
ⅳ）情報発信機能。ホームページの管理・運営、情報コーナーの運営、マスコミへの情報提供、制作物の配布機会の確保などである。
ⅴ）行政および民間（企業、地域団体、グループ、個人）の活動状況を把握し、連携して来訪者誘致に結びつける機能。
ⅵ）地域資源の現状把握と必要な改善策を提案する機能。
ⅶ）新たな地域資源を発掘する機能。
ⅷ）観光商品を開発する機能。

《推進体制の整備についての考え方》

　地域内の様々な関係者をネットワークすることによって協力体制を創ること、地域外の事業者などとの対外的な折衝を行うことは来訪者誘致活動にとって重要なことです。そのような活動を可能にするためには、地域内の関係者が一体となって構成する組織を構築する（財政的裏づけ、人材確保）ことが必要です。観光振興事業、特に、来訪者誘致活動は継続的な行動が求められるので、推進するための恒常的な組織が必要であり、組織のあり方として、以下の３点を明らかにしておく必要があります。

　　ⅰ）機能・規模・位置付け
　　ⅱ）行政の支援のあり方
　　ⅲ）民間の協力のあり方

《推進体制の整備のあり方》

ⅰ）実行組織づくり

　観光振興に関わる事業は多様であり、日常的、継続的に活動し、観光振興を効果的に推進するには、専門的に関与し続ける実行組織が必要です。

ⅱ）実行組織の活動支援

　実行組織は、観光事業の推進において、主としてコーディネート役としての機能を担うため、直接的に収入を得る機会は少ないと言えます。したがって、この組織の活動を維持するためには、各方面からの支援が必要です。支援の方法については、【図表-23 推進組織のあり方の例】の中で述べていますので、ここでは省略します。

ⅲ）民間団体との連携・活動支援

観光振興を推進することは、地域内経済の活性化、さらには、まちづくりの役割を担うことになります。したがって、実行組織は民間の事業者や産業経済団体との連携、地域住民の様々な活動グループとの連携を図り、実行組織の活動目標達成に向けた幅広い活動を展開する必要があります。

　　　　図表-23　推進組織のあり方の例

【推進組織のあり方の例】
◆ 民間事業者を中心として協会等を設立し、会員を募集する。常勤の要員は３名程度（活動のディレクター＋事務局員２名）とし、事務局のスペースおよび主要事務機器は、行政が（無償で）提供する。活動経費は会費収入と収益事業でまかなう。会員は協力（賛助）会員と活動会員に分ける（活動会員によって遂行される機能も多い）。
◆ 行政および地域の産業経済団体は、「協力会員」として参加し、一定の会費負担（行政は事務局経費の負担分を会費と考えても良い）、業務の委託、連携事業など様々な局面での協力が期待される。「活動会員」は、住民を中心として公募し、各自の経験、人脈、能力、自由時間のあり様に応じて、組織が機能を果たすための活動を行う。
　　注）事務局の常勤者には固定給を支払い、活動会員には活動経費（実費＋α）を補填する。
◆ 一般的に「観光協会」は、行政からの受託事業（イベントの運営・管理、パンフレット／ポスターの制作など）を主要業務としており、業務が固定化・硬直化している例が少なくない。上記のような《マーケティング機能》を果たすためには、柔軟でタイミングの良い行動が要求されるので、民間の経営的発想とともに固定化されない事業費の運用が期待される。行政の支援は、事務スペースの提供、地場産業育成・支援の観点に立った補助金の提供（事業の一部委託を含む）であり、場合によっては人材の派遣が含まれる。

《推進組織の事業》

　下表のチェックリストは観光振興を推進するために必要な事業項目を整理したものです。推進組織が実施すべき事業内容は多岐にわたるとともに、質量ともに大きなものなのです。

図表-24　観光振興推進事業のチェックリスト

チェックリスト

事業の位置づけ		事　業　内　容
商品開発	資源発掘	資源調査（実地踏査、資源性による分類、資源評価、リスト化など）資源調査の方法論
	資源開発	重要な既存資源（地域に特有な資源）をより良く見るために必要な施設、不足している観光魅力を高めるための施設、サービスシステムを機能させるための施設などの指摘、開発・改善の方法
	ルート開発	資源の組み合わせによる地域の楽しみ方を示すシナリオづくり
	サービスシステム開発	ルートを快適に回遊するため、あるいは、地域内を快適に旅行するための支援システムづくり（情報提供システム、案内表示、ガイドマップ、域内交通・通信利用の利便性・容易性、出入国管理の時間短縮など）
販促活動	広報	広報活動の基礎理論および実態的な活動展開の方法メディア特性による利用方法
	宣伝・広告	宣伝広告活動の基礎理論および実態的な活動展開の方法メディアの特性、表現方法、広告費の考え方
	営業	活動対象のリスト化活動に際しての実態的な方法
	SP	プロモーション活動の基礎理論他の活動分野との連携方法プロモーション活動の実態的な方法
活動組織づくり	アドミニストレーション	「来訪客誘致」という視点からの観光政策立案、他部局との協議の進め方総合的な販促活動計画策定の方法
	教育	様々な観光産業のスタッフ育成（経営、リーダー、就業者）来訪者と接触する様々な職種（交通、飲食、物販小売、サービス業など）に対する観光教育および接遇教育

92

《観光客誘致活動の構図》

観光振興事業の推進組織について述べてきましたが、最後に、その組織の中核事業である観光客誘致活動を把握しやすくするため、活動の全体像をモデル図として掲載します。【図表-25】

図表-25　観光客誘致事業の構図

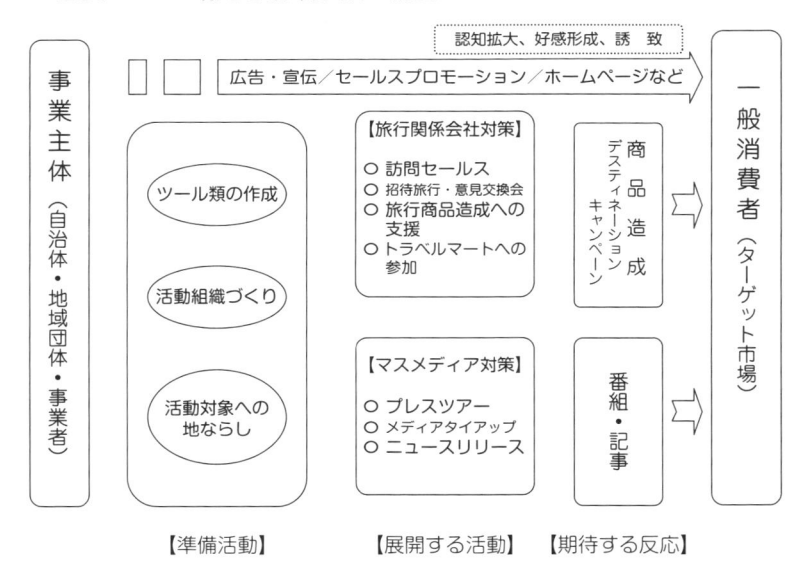

```
事業主体                【準備活動】    【展開する活動】    【期待する反応】      一般消費者
(自治体・                                                                          (ターゲット
地域団体・          ツール類の作成    【旅行関係会社対策】   商品造成              市場)
事業者)                              ○ 訪問セールス        デスティネーション
                                    ○ 招待旅行・意見交換会  キャンペーン
                    活動組織づくり   ○ 旅行商品造成への
                                      支援
                                    ○ トラベルマートへの
                    活動対象への       参加
                    地ならし
                                    【マスメディア対策】   番組・記事
                                    ○ プレスツアー
                                    ○ メディアタイアップ
                                    ○ ニュースリリース

           広告・宣伝/セールスプロモーション/ホームページなど
                    認知拡大、好感形成、誘致
```

○ツール類＝パンフレットやチラシ、料金表（タリフ）などセールス活動に必要な道具（ツール）となる制作物です。これら一式をセットしたものを「セールスキット」と言います。
○活動組織＝集約活動を計画し、実行する組織です。一般的に、観光客誘致活動では、行政の観光担当部門と観光協会が担当しています。ビジターズ ビューローとかコンベンションビューローという形態のところもあります。集客事業では、従来の「観光」の範囲を越

えてしまうと考えられますから、行政、地域団体、関係事業者、関係するNPOなども網羅した、集客事業の推進協議会を設立し、実質的な活動を展開できる事務局をもつ必要があると考えます。

○活動対象＝活動の対象となるマスメディア（ＰＲ活動）、旅行会社や鉄道・バス・航空会社などの旅客輸送会社、観光施設の運営会社、宿泊施設など、旅行・レジャーに関連する企業との連携が、関節的な集客活動につながってきます。「地ならし」とは、それら、活動の対象にアプローチするための準備として、業界事情の把握、接触すべき相手のリストアップなどを指します。

おわりに

　自治体の観光政策に関わる様々なことを述べてきました。最後に、観光振興政策を進める上で、ぜひとも注意していただきたいことを2点だけ挙げておきます。
　ひとつは、観光振興に成功をおさめるには「時間が必要だ」ということです。本文中に述べた事例でも、従来の観光の目玉が衰退した場合で3～5年、新たに進行する場合は、商品を育てるのに3～5年、認知を広げるのに3～5年、合わせて5～10年という年月が必要です。性急に成功を求めてはいけません。そうかと言って、のんびり待っているだけではなく、常に進み具合をチェックすることが大切です。
　他のひとつは、観光客誘致活動を推進する組織は収益を上げにくい体質だということです。現在の常識的な考え方では、収益源は地元の観光産業からの集客手数料だけということに起因します。しかも、この手数料収入も得られないケースがほとんどです。今のところ、この常識的な考え方を覆す、画期的なアイデアは見つかっていません。一部には、ビジネスマインドに富んだ地元の観光事業者が新たな収益源を開拓しているケースはありますが、普遍性のあるものとは言えず、モデルにはなりません。
　「そんなに面倒なことなら観光振興などやめた方が良い」とは考えないでください。本文の冒頭で述べたように観光振興には多くの利点があります。地場の輸出産業の振興も大きな利点ですが、その効果を認知してもらう

ためにお勧めできる方法は、来訪客数、宿泊客数を把握し、観光が地域にもたらしている経済効果を明らかにすることです。観光振興政策に自治体の予算をつぎ込むことを説明できるのは、その数字しかないと考えます。

●おわりに

著者紹介

松井 一郎（まつい いちろう）
株式会社 JTB 総合研究所客員研究員
1941（昭和 16 年） 東京都出身
1966・3　東京大学文学部（英語英米文学科）卒業
1966-75　（株）日本交通公社（現：（株）ジェイ・ティー・ビー）入社、入社後、旅行営業に従事
1976-81　（財）日本交通公社（調査部 研究員＝旅行動向、旅行者行動など）
1982-84　（株）オリエンタルランド〔＝東京ディズニーランド〕に出向（営業部次長：マーケティング企画担当）
1985-86　（株）日本交通公社（市場開発室 主査：マーケティング担当）
1987-93　（財）日本交通公社（調査部 主任研究員 旅行調査室長：旅行動向、 旅行業、観光関連産業、観光客誘致策など）
1994-01　（株）ジェイ・アイ・シー（企画制作局：観光・レジャー研究室長）
2001-12　（株）ツーリズム・マーケティング研究所（主席研究員）
2012-14　（株）JTB 総合研究所（主席研究員）
2014・3〜　現職

専門分野：観光地、観光・レジャー関連産業のマーケティング計画、経営改善計画
　　　　：観光・レジャーを核とした地域振興策、地域活性化方策の計画

コパ・ブックス発刊にあたって

　いま、どれだけの日本人が良識をもっているのであろうか。日本の国の運営に責任のある政治家の世界をみると、新聞などでは、しばしば良識のかけらもないような政治家の行動が報道されている。こうした政治家が選挙で確実に落選するというのであれば、まだしも救いはある。しかし、むしろ、このような政治家こそ選挙に強いというのが現実のようである。要するに、有権者である国民も良識をもっているとは言い難い。

　行政の世界をみても、真面目に仕事に従事している行政マンが多いとしても、そのほとんどはマニュアル通りに仕事をしているだけなのではないかと感じられる。何のために仕事をしているのか、誰のためなのか、その仕事が税金をつかってする必要があるのか、もっと別の方法で合理的にできないのか、等々を考え、仕事の仕方を改良しながら仕事をしている行政マンはほとんどいないのではなかろうか。これでは、とても良識をもっているとはいえまい。

　行政の顧客である国民も、何か困った事態が発生すると、行政にその責任を押しつけ解決を迫る傾向が強い。たとえば、洪水多発地域だと分かっている場所に家を建てても、現実に水がつけば、行政の怠慢ということで救済を訴えるのが普通である。これで、良識があるといえるのであろうか。

　この結果、行政は国民の生活全般に干渉しなければならなくなり、そのために法外な借財を抱えるようになっているが、国民は、国や地方自治体がどれだけ借財を重ねても全くといってよいほど無頓着である。政治家や行政マンもこうした国民に注意を喚起するという行動はほとんどしていない。これでは、日本の将来はないというべきである。

　日本が健全な国に立ち返るためには、政治家や行政マンが、さらには、国民が良識ある行動をしなければならない。良識ある行動、すなわち、優れた見識のもとに健全な判断をしていくことが必要である。良識を身につけるためには、状況に応じて理性ある討論をし、お互いに理性で納得していくことが基本となろう。

　自治体議会政策学会はこのような認識のもとに、理性ある討論の素材を提供しようと考え、今回、コパ・ブックスのシリーズを刊行することにした。COPAとは自治体議会政策学会の英略称である。

　良識を涵養するにあたって、このコパ・ブックスを役立ててもらえれば幸いである。

自治体議会政策学会　会長　竹下　譲

COPA BOOKS
自治体議会政策学会叢書
これからの観光政策と自治体
― 「稼げる地域資源」と「観光財源の集め方」―

発行日	2014年11月25日
著　者	松井　一郎 ⓒ
監　修	自治体議会政策学会
発行人	片岡　幸三
印刷所	大日本印刷株式会社
発行所	イマジン出版株式会社

〒112-0013　東京都文京区音羽1-5-8
電話03(3942)2520　FAX03(3942)2623
http://www.imagine-j.co.jp/

ISBN978-4-87299-681-4 C2031 ¥1000E

乱丁・落丁の場合は小社にてお取替えいたします。